바둑을 배우는 어린이들에게

어린이들의 창의·인성 교육을 위한 정통 바둑 교과서가 만들어져 무척 기쁩니다.

바둑은 알면 알수록 새롭고, 더 많은 것을 발견할 수 있는 신비한 세계예요.

바둑을 두면 두뇌가 발달하고, '사고력'이 좋아지며,

'창의력'과 '집중력', '문제 해결력' 등을 기를 수 있답니다.

그뿐만 아니라 대국을 하면서 자연스레 상대방을 존중하고

배려하는 마음도 배울 수 있어 인성 교육에도 탁월하지요.

그리고 마음껏 수를 상상하며, 자유롭고 창조적인 생각을 펼칠 수 있어요.

한국기원이 기획한 "초등 창의·인성 바둑 교과서"는 바둑의 원리를 체계적으로 담았고,

어린이들의 인성을 함양할 수 있는 다양한 활동과 재밌는 스토리텔링,

바둑 상식까지도 세심하게 정리해 완성도를 높였습니다.

바둑 교육의 효율성을 높이기 위한 저자의 고민과 정성이 느껴지는 이 책을 통해,

어린이 여러분이 보다 쉽고 재미있게 바둑을 배우고

바둑이 주는 즐거움과 지혜를 알게 되길 바랍니다.

– 세계 바둑 랭킹 1위 신진서 9단, 세계 여자 바둑 랭킹 1위 최정 9단 –

초등 창의 인성 바둑 교과서

1

이 책의 구성과 특징

만화로 배우는 바둑을 통해 이번 차시에서 배울 내용을 쉽고 흥미롭게 접할 수 있습니다.

▲ 그림과 한 줄 문장을 통해 이번 차시에서 배울 핵심 내용을 알 수 있습니다.

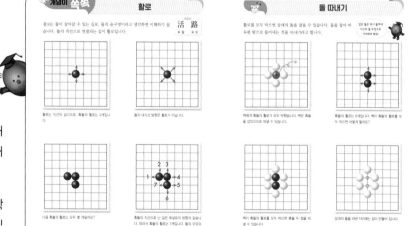

▶ 자세한 설명과 용어 풀이, 캐릭터를 통해 바둑의 개념을 쉽게 이해할 수 있습니다.

다양한 예시를 보며 개념을 정확하게 이해하고, 기초를 다질 수 있습니다.

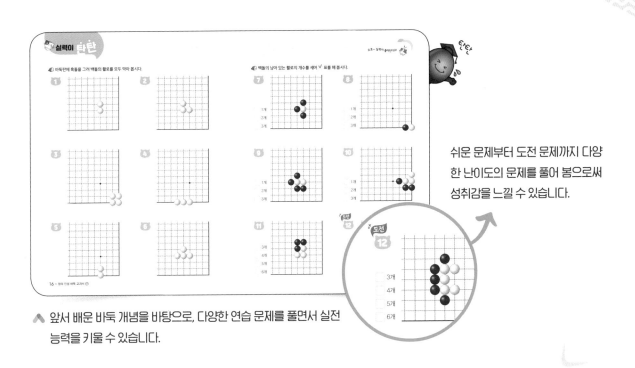

쉬운 문제부터 도전 문제까지 다양한 난이도의 문제를 풀어 봄으로써 성취감을 느낄 수 있습니다.

▲ 앞서 배운 바둑 개념을 바탕으로, 다양한 연습 문제를 풀면서 실전 능력을 키울 수 있습니다.

▲ '마음이 쑥쑥'을 통해 바둑을 배우며 예의, 배려, 존중 등의 인성을 기를 수 있습니다.

▲ '이야기로 배우는 바둑 상식'을 통해 옛날부터 오늘날까지 바둑과 관련된 재미있는 이야기를 볼 수 있습니다.

이 책의 차례

공부할 순서를 알아보아요~

어서 와~ 바둑은 처음이지?

바둑돌

바둑판

바둑을 두기 위해서는 바둑판과 바둑돌이 필요합니다. 바둑돌은 검은색의 흑돌과 흰색의 백돌이 있고, 돌 통에 넣어서 보관합니다.

일반적인 바둑판은 가로줄과 세로줄이 각각 19줄로 이루어져 있습니다. 바둑을 처음 배우는 사람들은 9줄이나 13줄의 바둑판을 사용하기도 합니다.

바둑판의 명칭

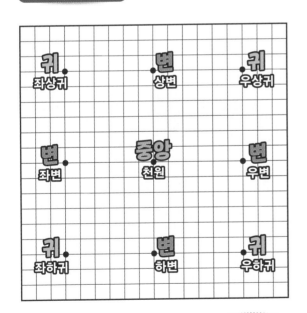

花 點
꽃화 점점

바둑판은 중앙과 귀, 변으로 나뉩니다. 바둑판의 가운데 부분은 중앙이고, 바둑판에서 네 군데 모서리는 귀입니다. 오른쪽의 위는 우상귀, 오른쪽의 아래는 우하귀, 왼쪽의 위는 좌상귀, 왼쪽의 아래는 좌하귀라고 부릅니다.

바둑판의 가장자리에서 귀를 제외한 부분은 변입니다. 위쪽은 상변, 아래쪽은 하변, 오른쪽은 우변, 왼쪽은 좌변이라고 부릅니다.

바둑판의 귀, 변, 중앙에 위치한 9개의 점을 화점이라고 합니다. 옛날에는 바둑판의 점에 꽃을 그려 화점으로 부르게 되었다고 합니다. 9개의 점 중에 중앙에 있는 화점을 **천원**(天元) 이라고 부릅니다.

① 바둑돌은 교차점에 놓아야 합니다.

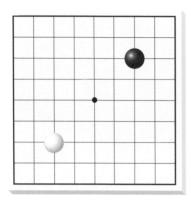

바둑돌은 선과 선이 만나는 교차점에 두어야 합니다. 바둑판에 돌을 놓는 것을 '두다.'라고 합니다.

② 흑과 백이 한 수씩 번갈아 두어야 합니다.

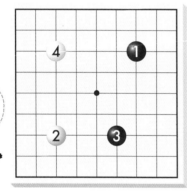

먼저 한 수!

나도 한 수!

바둑은 흑돌을 가진 사람이 먼저 시작하며 흑과 백이 각각 한 수씩 번갈아 둡니다. 한 사람이 여러 수를 둘 수 없고, 한번 둔 돌은 절대 무를 수 없습니다.

③ 상대의 돌을 둘러싸면 잡을 수 있습니다.

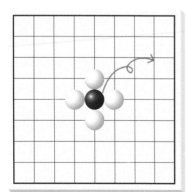

상대의 돌을 자신의 돌로 모두 둘러싸면 포위된 돌을 잡을 수 있습니다. 상대의 돌을 잡은 경우 '따낸다.'라고 합니다. 이렇게 상대의 돌을 잡은 곳에는 집이 만들어집니다.

④ 돌을 둘 수 없는 곳이 있습니다.

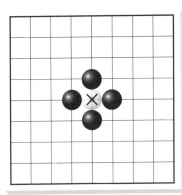

그림과 같이 흑돌이 둘러싸고 있는 자리에 백돌을 두면 바로 죽은 돌이 됩니다. 이처럼 돌을 두는 순간 상대에게 바로 잡히는 자리에는 돌을 둘 수 없습니다.

× 에는 돌을 놓을 수 없어요.

⑤ 반복 금지 규칙이 있습니다.

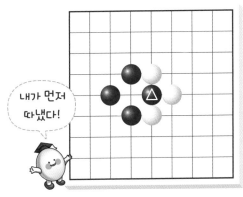

내가 먼저 따냈다!

바둑을 둘 때 서로 따내는 자리가 계속 반복되는 모양이 있습니다. 만약 백이 ▲를 따낸다면, 흑은 백돌을 바로 따낼 수 없습니다. 다른 곳에 한 수 이상을 둔 후에 따낼 수 있습니다.

나는 바로 못 따내잖아!

⑥ 집이 많은 사람이 이깁니다.

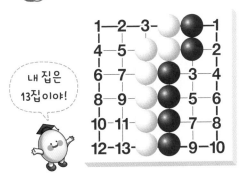

내 집은 13집이야!

바둑은 집이 더 많은 쪽이 이기는 게임입니다. 바둑을 다 둔 후에는 따낸 돌로 상대의 집을 메우고 남아 있는 집을 세는데, 바둑판의 교차점 하나를 1집이라고 합니다.

내 집은 10집이야!

1 바둑을 시작할 때, 서로 예의 바르게 인사를 나눠요.

2 바른 자세로 바둑을 두어요.

3 바둑돌은 하나씩 집고, 올바르게 잡아요.

4 바둑돌을 부딪히며 시끄러운 소리를 내지 않아요.

5 한번 둔 수는 무를 수 없어요.

6 상대방이 생각할 때 말을 걸거나 방해하지 않아요.

7 바둑을 구경할 때 *훈수를 하지 않아요.

8 바둑이 끝나면 바둑돌을 돌 통에 담아 정리해요.

잘 두었습니다.

잘 배웠습니다.

9 바둑이 끝나면 서로에게 예의를 갖춰 인사해요.

패

승

10 승부가 나면 이긴 사람은 자랑하지 않고, 진 사람은 화를 내지 않아요.

바둑은 상대를 존중하고 예의를 갖춰 두기 때문에 '예도'라고도 불러요.

禮 度
예절 예 법 도

＊ **훈수** 바둑을 둘 때 구경하던 사람이 끼어들어 수를 가르쳐 주는 것.

활로와 따내기

이 단원을 배우면!

- 돌의 활로를 이해할 수 있어요.
- 돌을 따내는 방법을 알 수 있어요.
- 인성 바둑을 시작할 때와 끝난 후에 상대방과 인사를 나눌 수 있어요.

 오늘 배울 내용을 생각해 보며, 그림을 살펴봅시다.

어느 방향으로 가는 것이 좋을까?

활로는 직선의 길이다.

활로

활로는 돌이 살아갈 수 있는 길로, 돌의 숨구멍이라고 생각하면 이해하기 쉽습니다. 돌의 직선으로 연결되는 길이 활로입니다.

活 路
살 활   길 로

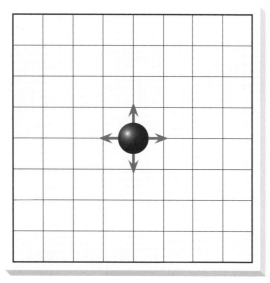

활로는 직선의 길이므로, 흑돌의 활로는 4개입니다.

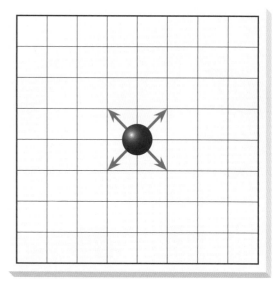

돌의 대각선 방향은 활로가 아닙니다.

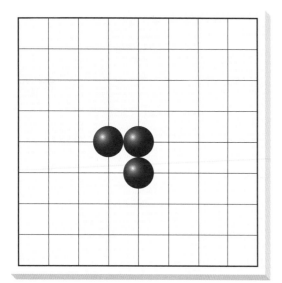

다음 흑돌의 활로는 모두 몇 개일까요?

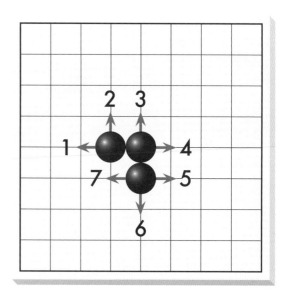

흑돌의 직선으로 난 길은 화살표의 방향과 같습니다. 따라서 흑돌의 활로는 7개입니다. 돌의 모양과 개수가 바뀌어도 활로의 원리는 같습니다.

돌 따내기

활로를 모두 막으면 상대의 돌을 잡을 수 있습니다. 돌을 잡아 바둑판 밖으로 들어내는 것을 따내기라고 합니다.

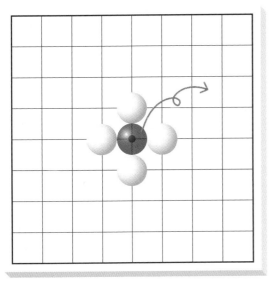

백에게 흑돌의 활로가 모두 막혔습니다. 백은 흑돌을 잡았으므로 따낼 수 있습니다.

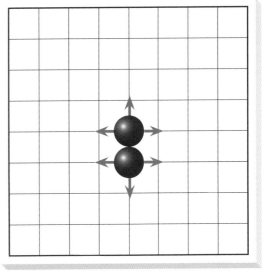

흑돌의 활로는 6개입니다. 백이 흑돌의 활로를 모두 막으면 어떻게 될까요?

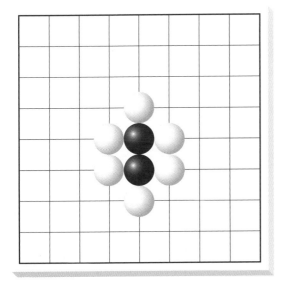

백이 흑돌의 활로를 모두 막으면 흑돌 두 점을 따낼 수 있습니다.

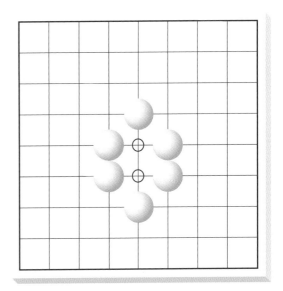

상대의 돌을 따낸 자리에는 집이 만들어 집니다.

 바둑판에 흑돌을 그려 백돌의 활로를 모두 막아 봅시다.

1

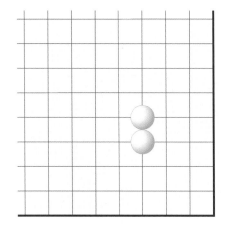

2

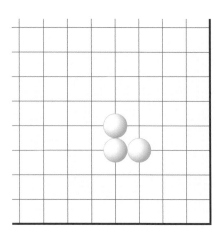

3

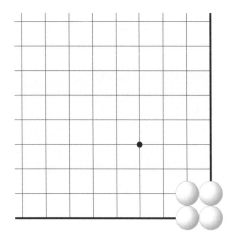

4

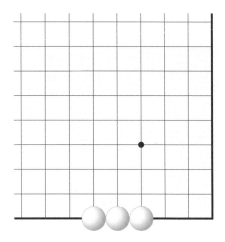

5

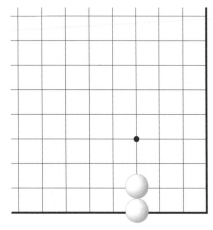

6

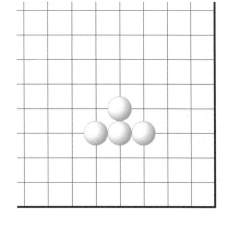

🐟 백돌의 남아 있는 활로의 개수를 세어 ✅ 표를 해 봅시다.

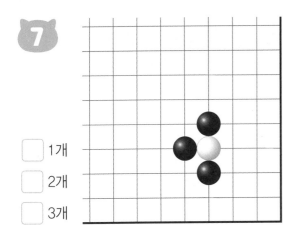

7
- [ ] 1개
- [ ] 2개
- [ ] 3개

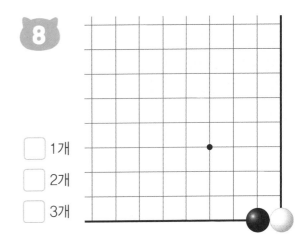

8
- [ ] 1개
- [ ] 2개
- [ ] 3개

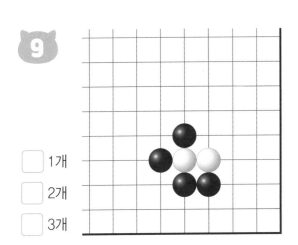

9
- [ ] 1개
- [ ] 2개
- [ ] 3개

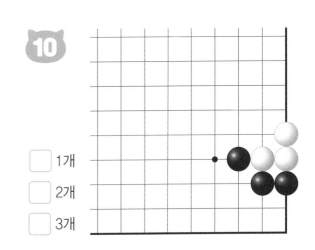

10
- [ ] 1개
- [ ] 2개
- [ ] 3개

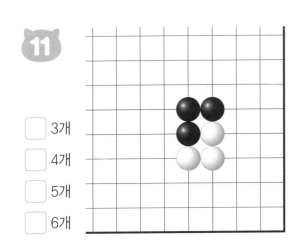

11
- [ ] 3개
- [ ] 4개
- [ ] 5개
- [ ] 6개

도전

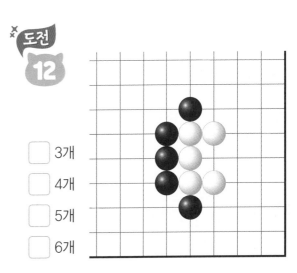

12
- [ ] 3개
- [ ] 4개
- [ ] 5개
- [ ] 6개

🐟 둘러싼 백돌 중 활로가 아닌 곳을 찾아 X표를 해 봅시다.

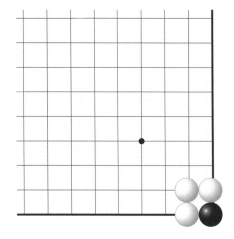

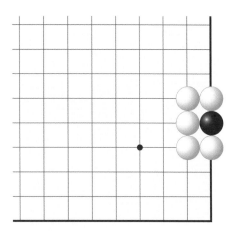

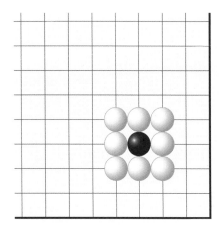

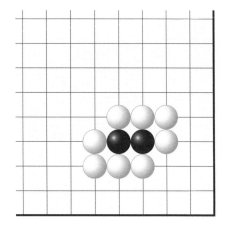

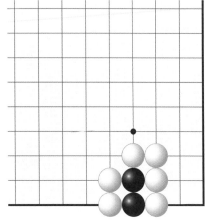

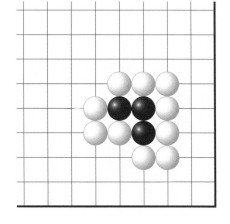

🐟 백돌의 마지막 활로를 막아 따내 봅시다.

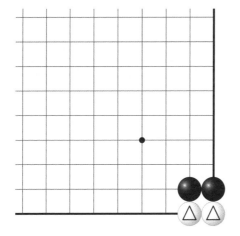

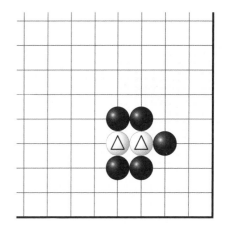

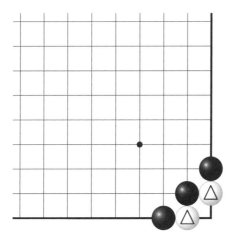

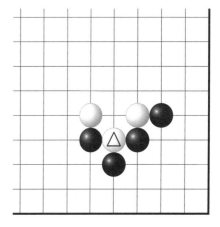

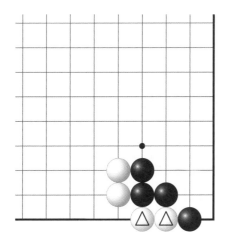

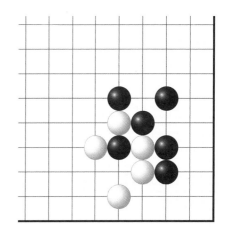

한돌이와 나리가 바둑을 두는 모습을 보고, 다음 질문에 답해 봅시다.

한돌이의 모습에서 예의에 어긋나는 것과 예의를 지킨 것이 무엇인지 써 봅시다.

바둑의 유래

바둑은 언제부터 있었을까요? 우리나라에 남아 있는 바둑의 첫 기록은 『삼국사기』에서 찾을 수 있습니다. 고구려에서 바둑 고수였던 도림 스님이 백제의 개로왕과 바둑을 두었다는 내용입니다.

바둑은 언제, 어떻게 생겨났는지 정확한 기록은 없지만 가장 널리 알려진 이야기는 아주 오래전 중국 요순 시대의 요임금과 순임금이 어리석었던 아들을 깨우치기 위해 바둑을 만들었다는 것입니다. 그 외에도 별자리를 기록하기 위해 만들어졌다는 이야기도 있습니다. 홍수로 인한 농사의 피해를 막기 위해 별의 움직임을 관측하고 기록하였던 도구가 발전하여 오늘날 바둑이 되었다고 전해집니다.

만약 바둑의 역사가 중국의 요순 시대부터 시작되었다면 무려 4천 년이 넘는 세월 동안 이어져 온 것입니다. 어떻게 이러한 놀이가 사람들에게 오랫동안 사랑받을 수 있었을까요? 그 이유는 첫째, 바둑은 수많은 경우의 수로 늘 변화하는, 인류가 만든 가장 지혜로운 놀이이기 때문입니다. 둘째, 바둑을 두며 좋은 친구를 사귈 수 있기 때문입니다. 셋째, 바둑을 두며 인생의 지혜를 배울 수 있기 때문입니다. 이러한 바둑은 수많은 선택을 해야 하는 인생과 닮아 있어 인생의 축소판이라고 불리기도 합니다.

2 단수와 살리기

**이 단원을
배우면!**

- 단수의 개념을 이해할 수 있어요.
- 단수된 돌을 살리는 방법을 알 수 있어요.
- 인성 바둑을 두며 좋은 친구를 사귈 수 있어요.

 오늘 배울 내용을 생각해 보며, 그림을 살펴봅시다.

💡 위기에 몰려도 활로를 찾으면 살 수 있다.

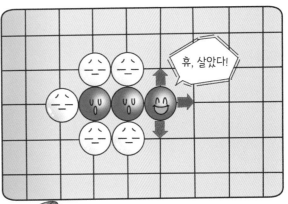

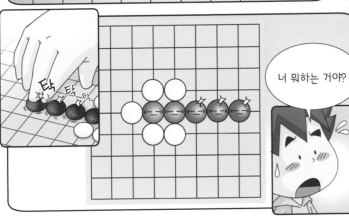

단수

단수란, 한 수만 더 두면 돌을 따내게 되는 상태로 활로가 하나밖에 없는 것을 말합니다.

單	手
하나 단	손 수

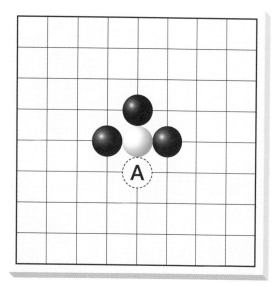

백은 Ⓐ 활로 1개만 남은 상태이고, 흑이 Ⓐ에 한 수만 두면 백돌을 따낼 수 있습니다. 이런 모양을 단수라고 합니다.

이때 흑은 '단수를 쳤다.', 또는 '단수를 올았다.' 라고 표현해요.

백은 '단수를 당했다.', '단수에 몰렸다.' 라고 표현해요.

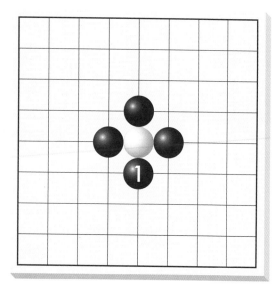

만약에 백이 단수에 몰린 돌을 살리지 않고 다른 곳에 두면, 흑은 ❶로 백돌을 따낼 수 있습니다.

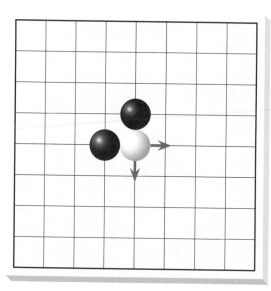

이 그림의 백돌은 활로가 2개이기 때문에 단수가 아닙니다.

돌 살리기

단수를 당한 돌을 살리기 위해서는 남은 활로 방향으로 움직여 나가야 합니다.

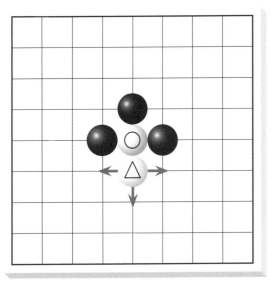

◎가 단수를 당한 상태에서, 백이 △로 나가면 활로가 세 개로 늘어납니다.

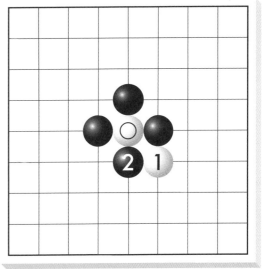

만약 백이 단수 당한 돌을 살리지 않고 ①을 두면, 흑은 ❷에 두어 ◎를 따내게 됩니다.

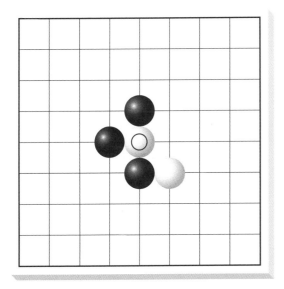

◎가 단수에 몰린 모습입니다. 백은 어떻게 달아나야 할까요?

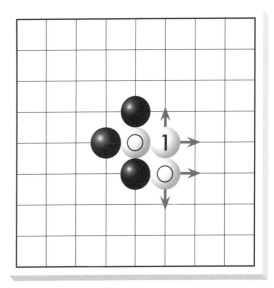

백은 ①에 두어 활로를 늘려야 합니다. 그러면 ◎와 연결되어 활로가 4개로 늘어납니다.

🐟 바둑판에 흑돌을 그려 백돌을 단수로 만들어 봅시다.

1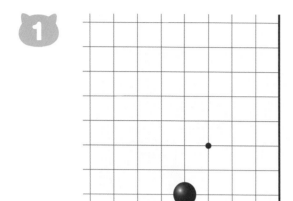

2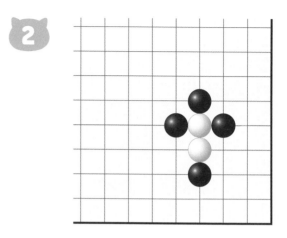

3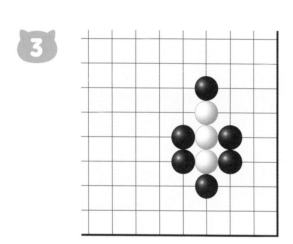

4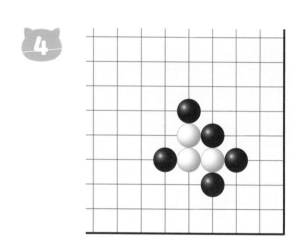

5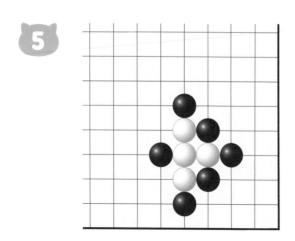

6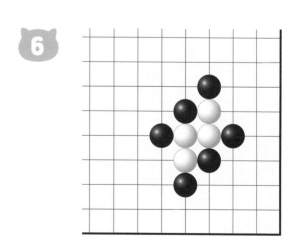

단수에 몰린 백돌을 찾아 ○표를 해 봅시다.

7

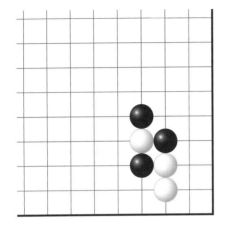

8

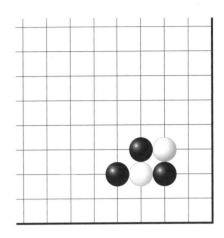

9

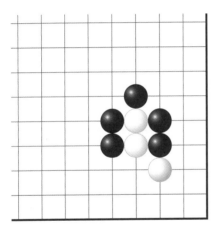

10

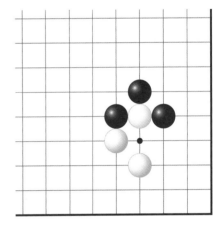

11

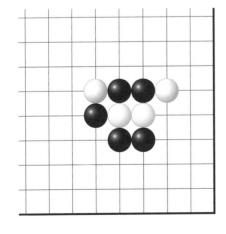

12

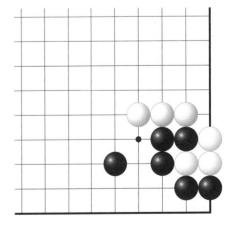

🐟 단수에 몰린 백△를 살려 봅시다.

13

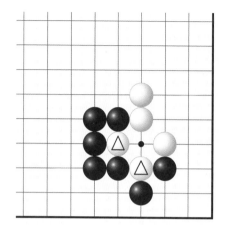

14

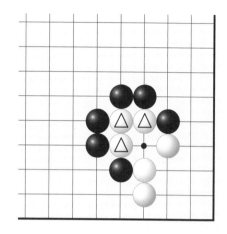

15

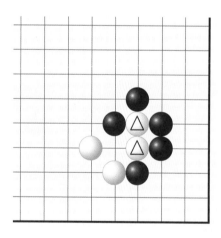

16

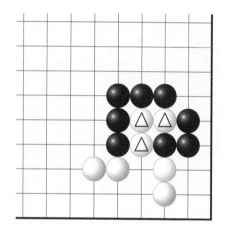

17

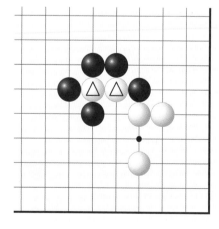

18

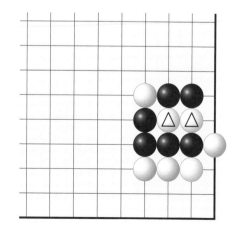

단수에 몰린 백돌을 찾아 살려 봅시다.

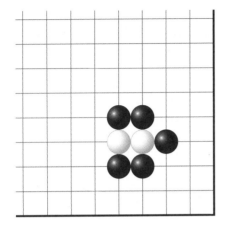

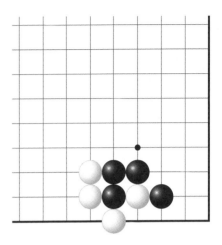

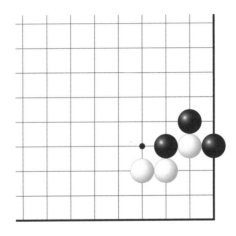

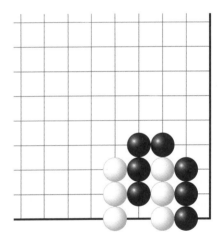

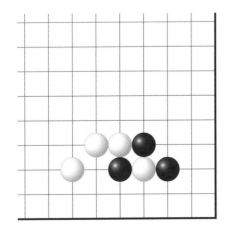

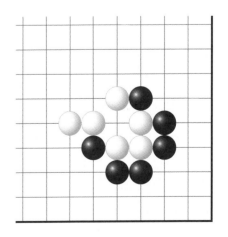

마음이 쑥쑥

🐟 빈칸에 들어갈 알맞은 말을 <보기>에서 골라 써 봅시다.

보기

| 훈수 | 장고* | 정리 | 인사 |

바둑을 시작하기 전과 끝났을 때, 서로 (　　　) 를 나눕니다.

대국을 구경할 때는 (　　　)를 하는 일이 없도록 합니다.

상대가 (　　　)할 때, 빨리 두라고 재촉하지 않습니다.

대국을 마친 후에는 바둑판과 바둑돌을 잘 (　　　)합니다.

＊ 장고 오랫동안 깊이 생각하는 것.

💟 바둑을 둘 때 예절이 필요한 이유를 써 봅시다.

✏

위기오득

바둑을 두며 얻을 수 있는 다섯 가지 좋은 점을 '위기오득(圍棋五得)'이라고 합니다. 위기오득이란 무엇인지 알아봅시다.

❶ 득호우(得好友)
바둑을 두면 좋은 친구를 사귈 수 있습니다.

❷ 득심오(得心悟)
바둑을 두면 마음의 깨달음을 얻을 수 있습니다.

❸ 득인화(得人和)
바둑을 두면 함께 어울릴 수 있습니다.

❹ 득교훈(得敎訓)
바둑을 두면 인생의 값진 교훈을 배울 수 있습니다.

❺ 득천수(得天壽)
바둑을 두면 건강한 삶을 누릴 수 있습니다.

3 서로단수와 양단수

이 단원을 배우면!

• 서로단수를 이해하고 상대의 돌을 먼저 잡을 수 있어요.

• 양단수를 이해하고 상대의 돌을 양단수로 만들 수 있어요.

인성 바둑을 두며 상대와 소통하는 자세를 배울 수 있어요.

 오늘 배울 내용을 생각해 보며, 그림을 살펴봅시다.

먼저 잡는 사람이 유리하다!

서로단수

흑과 백이 서로의 돌을 단수치고 있는 모양을 서로단수라고 합니다. 이 경우에는 먼저 두는 쪽이 따낼 수 있습니다.

먼저 두는 쪽은 상대방 돌을 잡으면서 내 돌을 살릴 수 있어요.

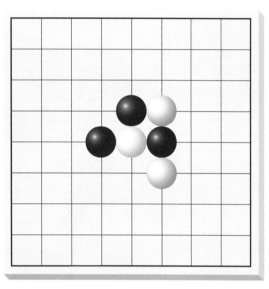

단수에 몰린 돌을 찾아볼까요?

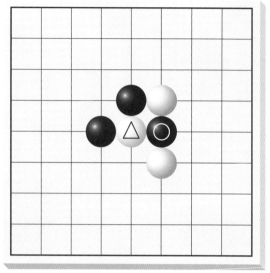

△와 ◉가 단수에 몰린 모양입니다. 백과 흑이 서로의 돌을 단수 치고 있는 서로단수입니다.

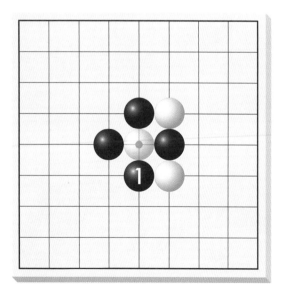

흑이 ❶을 먼저 두면 백돌 한 점을 따낼 수 있습니다.

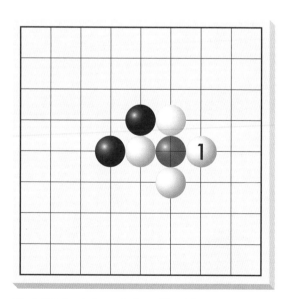

백이 ①을 먼저 두면 흑돌 한 점을 따낼 수 있습니다.

양단수

양단수란 한 수로 동시에 두 개의 단수를 만드는 것을 말합니다. 양단수에 몰리면 양쪽 모두 살릴 순 없으므로 둘 중 하나를 포기해야 합니다.

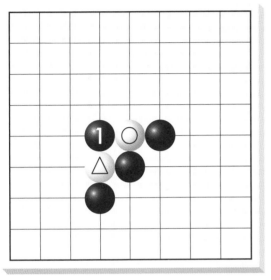

흑이 ❶을 두면 백은 양단수에 몰립니다. 따라서 백은 △와 ◎의 둘 중 하나는 포기해야 합니다.

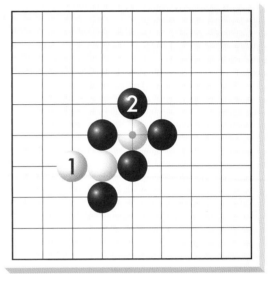

백이 ①을 두면 흑은 ❷로 백돌 한 점을 따낼 수 있습니다.

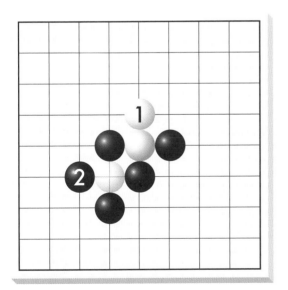

백이 ①을 두어 반대쪽 백돌을 살리면 흑은 ❷로 백돌 한 점을 따낼 수 있습니다.

양단수에 몰리면 둘 다 도망치는 것은 불가능해요!

둘 중에 가치가 더 큰 쪽을 살리고 작은 쪽은 포기해야 해요.

🐟 서로단수인 모양입니다. 바둑판에 흑돌을 그려 백돌을 따내 봅시다.

1
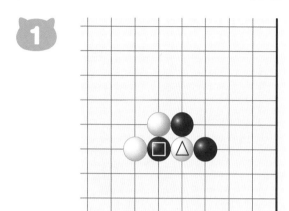

2
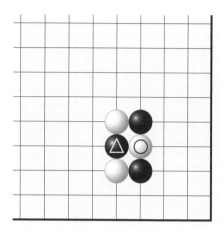

3
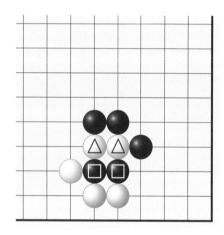

4
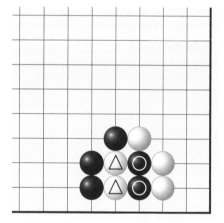

5
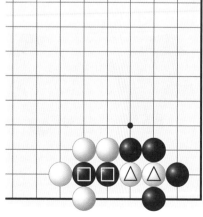

6
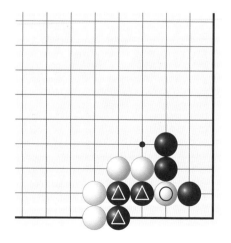

 서로단수인 모양입니다. 바둑판에 흑돌을 그려 백돌을 따내 봅시다.

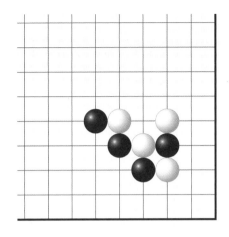

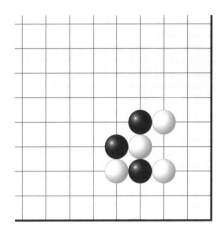

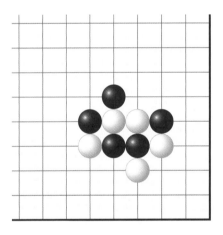

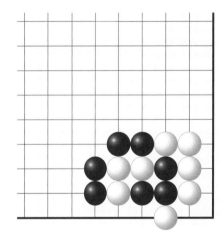

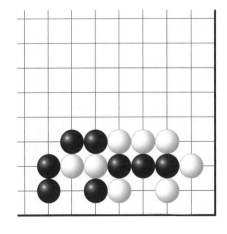

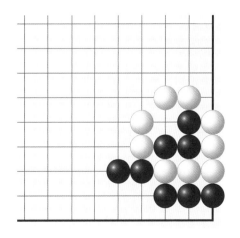

🐟 백돌을 양단수로 만들어 봅시다.

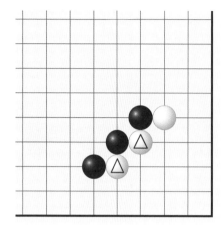

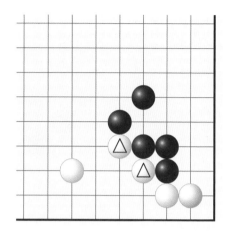

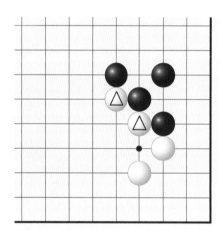

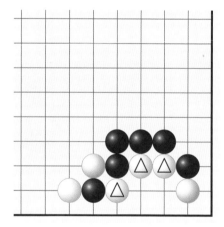

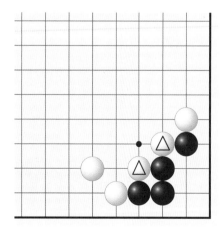

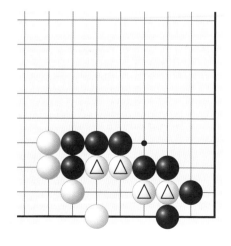

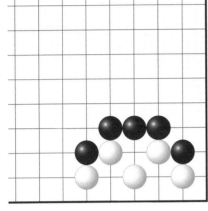

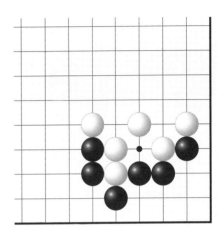

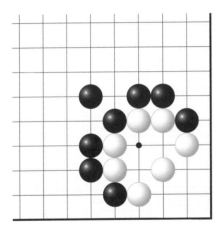

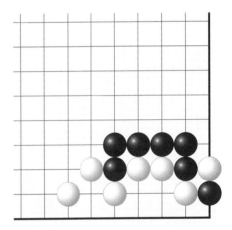

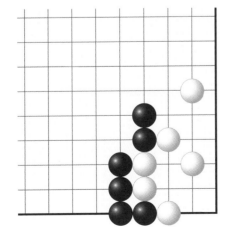

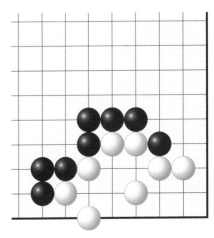

마음이 쑥쑥

🐟 할아버지 댁을 방문한 한돌이의 모습을 보고, 다음 질문에 답해 봅시다.

💜 바둑을 배우며 할아버지와 마음을 나눈 한돌이의 기분을 써 봅시다.

덤 이야기

바둑을 둘 때 먼저 두는 사람이 유리할까요? 바둑을 둘 때는 흑돌을 잡은 사람이 먼저 시작합니다. 그래서 흑돌을 잡은 사람이 게임을 주도하며 항상 유리한 출발을 하게 됩니다. 그 때문에 집을 계산할 때 백돌을 잡은 사람에게 집을 더해 주는 '덤'이라는 규칙을 만들어 어느 한쪽이 유리하거나 불리하지 않도록 했습니다.

덤이라는 규칙이 없던 1930년대까지만 하더라도 흑의 승리가 훨씬 많았지만, 덤이라는 규칙이 생긴 1940년대 이후에는 흑백의 승률이 점점 비슷해졌습니다. 처음에 4집 반*으로 시작했던 덤도 바둑 기술이 발전하면서 먼저 두는 흑에게 더욱 유리해지자, 점점 커졌습니다.

우리나라에서는 1973년 '백남배'라는 대회를 개최하며 5집 반의 덤을, 일본은 1974년 '본인방전'에서 5집 반의 덤을 주는 규칙을 정했습니다. 그런데 5집 반의 덤을 주어도 흑의 승률이 더 높게 나타나면서 6집 반을 덤으로 주기로 했습니다. 현재 우리나라와 일본에서는 6집 반을 덤으로 주고, 중국에서는 7집 반을 덤으로 주고 있습니다. 덤은 아무 노력이나 대가 없이 조금 더 얹어 주는 것을 말하지만, 바둑에서의 덤은 게임을 더 공정하게 하기 위해 만들어진 것입니다.

* **반** 반 집은 바둑에서 무승부를 막기 위해 만든 가상의 수치임.

착수 금지

- 바둑에서 돌을 놓을 수 없는 곳을 알 수 있어요.
- 착수 금지인 곳과 착수 금지가 아닌 곳을 구분할 수 있어요.

인성 바둑을 두며 정해진 약속과 규칙을 잘 지킬 수 있어요.

 오늘 배울 내용을 생각해 보며, 그림을 살펴봅시다.

💡 출입 금지인 곳은 출입 금지!

착수 금지

착수란 바둑판 위에 돌을 놓는 것을 말합니다. 따라서 착수 금지란, 돌을 두면 안 되는 곳이라는 뜻입니다.

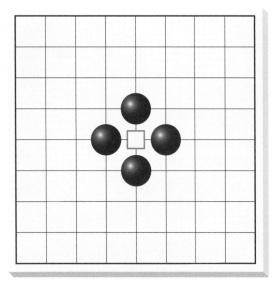

백이 □ 자리에 돌을 두면 어떻게 될까요?

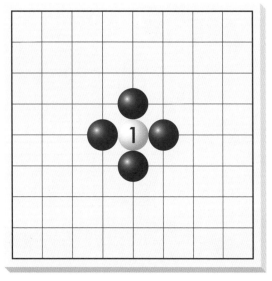

①을 두는 순간 활로가 없어 흑에게 잡힙니다. 이와 같은 곳을 착수 금지 구역이라고 합니다.

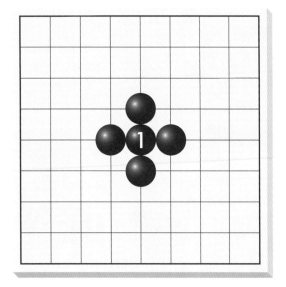

흑은 ❶의 자리에 둘 수 있지만, 스스로 자신의 집을 줄이는 수이니 두지 않는 것이 좋습니다.

착수 금지 구역에 돌을 두면 바로 반칙패를 당해요!

착수 금지 구분

모양은 착수 금지 구역처럼 생겼지만 그 자리에 돌을 두어 상대방의 돌을 따낼 수 있으면 착수 금지가 아닙니다. 착수 금지인 곳과 착수 금지가 아닌 곳을 구분하는 방법을 알아봅시다.

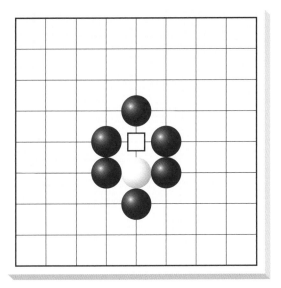

□ 자리에 백돌을 두려고 합니다. □ 자리는 착수 금지 구역일까요? 아닐까요?

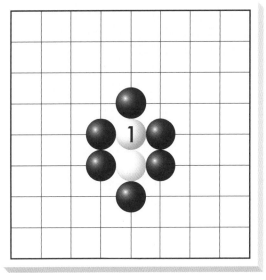

①을 두는 순간, 활로가 전부 막혀 잡히기 때문에 □ 자리는 착수 금지 구역입니다.

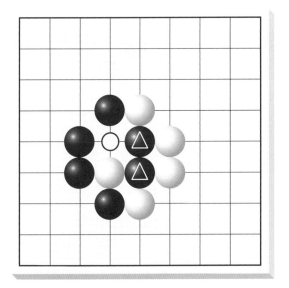

○ 자리에 백돌을 두려고 합니다. ○ 자리는 착수 금지 구역일까요? 아닐까요?

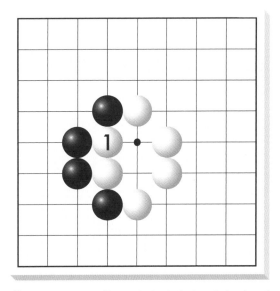

①을 두는 순간 ▲를 먼저 따낼 수 있기 때문에 ○ 자리는 착수 금지 구역이 아닙니다. 백이 ▲를 따내면 활로가 생기기 때문입니다.

백이 둘 때, 착수 금지인 곳을 찾아 바둑판에 X표를 해 봅시다.

1

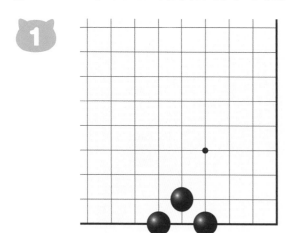

2

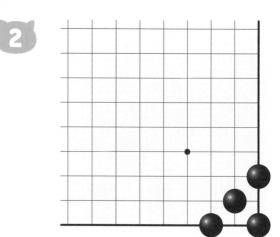

3

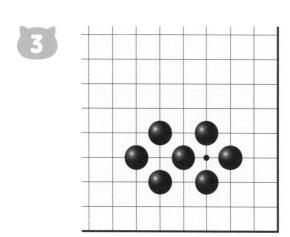

4

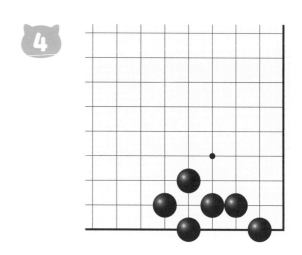

5

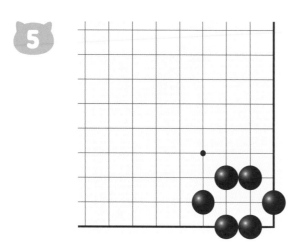

도전

6

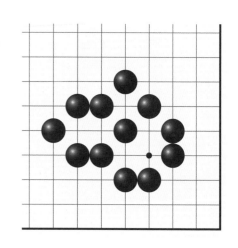

 백이 둘 때, 착수 금지인 곳을 찾아 바둑판에 X표를 해 봅시다.

7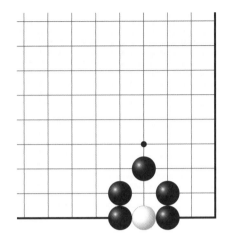

8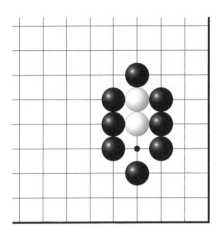

9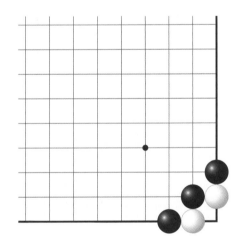

10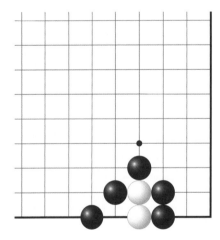

11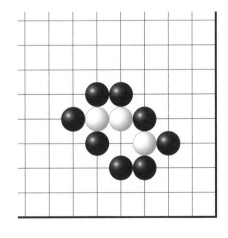

12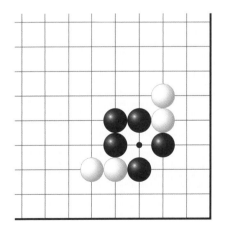

백 ①의 자리가 착수 금지 구역이 아니면 O표, 착수 금지 구역이면 X표를 해 봅시다.

13

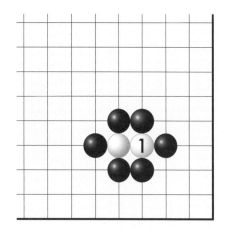

14

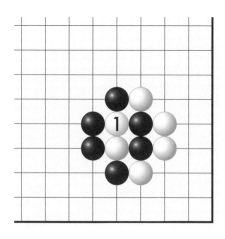

15

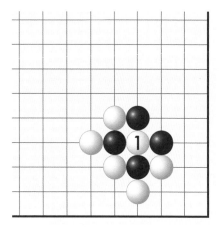

16

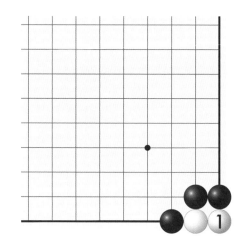

17

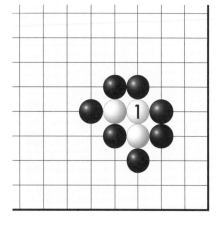

18

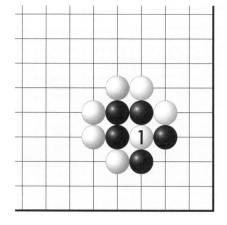

🐟 백 ①의 자리가 착수 금지 구역이 아니면 O표, 착수 금지 구역이면 X표를 해 봅시다.

19

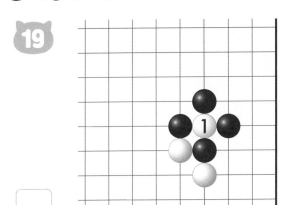

20

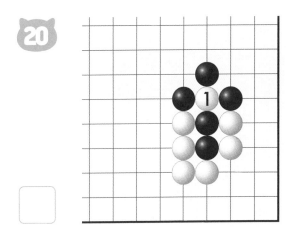

21

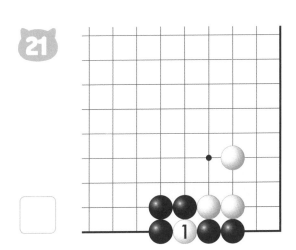

22

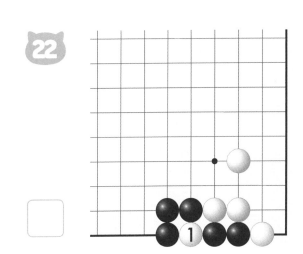

23

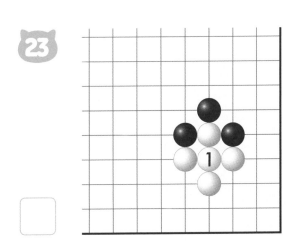

24

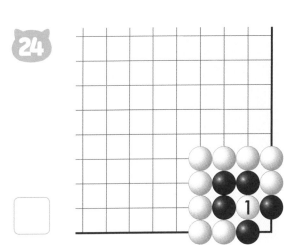

🐟 친구들과 함께 바둑을 둘 때 필요한 규칙을 만들어 글과 그림으로 표현해 봅시다.

교실 바닥에 떨어져 있는 바둑알을 보면 주워서 돌 통에 넣습니다.

바둑판 위에 있는 돌을 만질 때에는 미리 상대방에게 이야기합니다.

바른 자세로 앉아 예의를 지키며 바둑을 둡니다.

돌 가리기

바둑에서 서로 실력이 비슷한 경우에는 흑백을 어떻게 정할까요? 바둑 실력이 비슷할 때에는 누가 먼저 흑을 잡고 시작할지 정하는 '돌 가리기'를 합니다. 돌 가리기를 하는 방법을 알아봅시다.

백돌이 놓인 쪽에 앉은 사람이 백돌을 한 움큼 손에 쥡니다.

바둑돌이 보이지 않도록 주먹을 쥔 채 바둑판 위에 손을 올려놓습니다.

흑돌 쪽에 앉은 사람은 상대방이 손에 쥔 백돌의 개수가 홀수인지, 짝수인지 맞힙니다.

만약 홀수라고 생각하면 흑돌 1개를, 짝수라고 생각하면 흑돌 2개를 바둑판 위에 올립니다.

만약 흑돌을 올려 둔 사람이 맞혔다면 같은 자리에서 흑돌로 바둑을 시작합니다.

만약 흑돌을 올려 둔 사람이 맞히지 못했다면 서로 자리를 바꾸어 백돌을 잡습니다.

5 집짓기

이 단원을 배우면!

- 바둑에서 집의 개념을 이해할 수 있어요.
- 집짓는 방법과 요령에 대해 알 수 있어요.
- 대국을 할 때 정직하게 행동할 수 있어요.

 오늘 배울 내용을 생각해 보며, 그림을 살펴봅시다.

집은 튼튼하게 지어야지!

💡 튼튼한 울타리를 치면 쉽게 들어올 수 없다!

만화로 배우는 바둑

얘들아, 바둑에서 가장 중요한 게 뭘까?

따내기지! 돌을 많이 따내면 기분이 좋거든!

그것보다 더 중요한 것은 집짓기야. 바둑은 집이 많은 사람이 이기는 거니까!

집? 우리가 살고 있는 집을 말하는 거야?

응, 바둑에도 집이 있어. 집을 지을 때 튼튼한 울타리를 치듯이 돌로 둘러싸는 거야.

아! 울타리란 말이지!

탁

짜잔! 흑백 울타리 완성!

짜잔━━

이게 대체 누구 집이야?

이러면 같이 집을 쓸 수 있고 좋잖아!

역시 난 마음도 넓어!

집짓기는 돌이 섞이지 않고 자신의 돌로만 둘러싸야 해.

그럼 이렇게 바꾸면 집이 완성되는 거야?

아주 잘했어! 자신의 돌로 울타리를 치듯 둘러싸면 집이 완성돼서 상대방이 들어올 수 없어.

후후

나리네 집 문은 언제나 열려 있습니다. 누구든 들어오세요!

못 말려!

5. 집짓기 • 53

집

바둑은 집이 더 많은 쪽이 이기는 게임입니다. 모든 전술은 결국 집을 차지하기 위한 것입니다. 집은 어떻게 만들어야 하는지 알아봅시다.

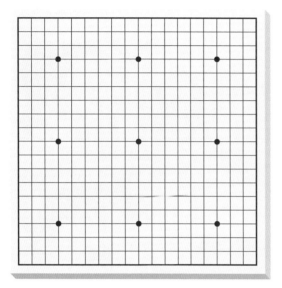

가로세로 각각 19줄로 가로줄과 세로줄이 만나는 교차점은 모두 361개입니다. 교차점은 모두 집이 될 수 있는 자리입니다.

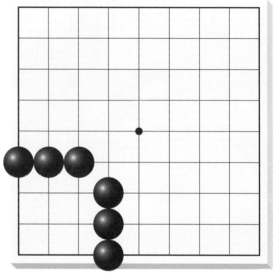

흑돌로 둘러싸여 있는 흑집입니다. 집을 만들려면 튼튼한 울타리를 치듯이 둘러싸야 합니다.

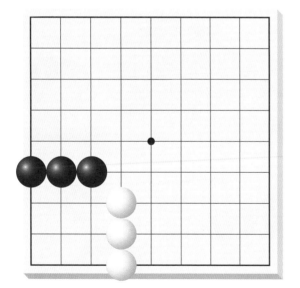

흑돌과 백돌이 섞여 있는 형태는 집이 아닙니다. 집의 경계를 모두 흑돌이나 백돌로 둘러싸야 집이 될 수 있습니다.

백돌로 둘러싼 곳은 백집!

흑돌로 둘러싼 곳은 흑집!

집을 짓는 요령

집을 지을 때는 집짓기에 유리한 위치가 있습니다. 바둑판에서 '귀 → 변 → 중앙'의 순서로 집을 지어야 효율적입니다.

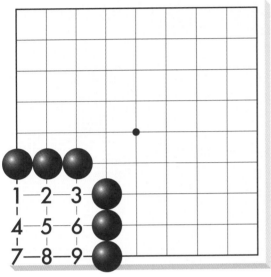

바둑판의 귀에 흑집 9집을 지었습니다. 집을 지을 때 6개의 흑돌이 필요합니다.

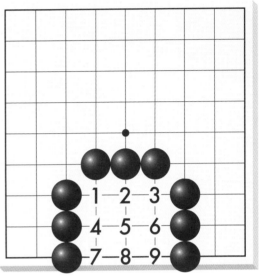

바둑판의 변에 흑집 9집을 지었습니다. 집을 지을 때 9개의 흑돌이 필요합니다.

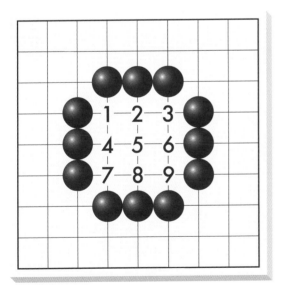

바둑판의 중앙에 흑집 9집을 지었습니다. 집을 지을 때 12개의 흑돌이 필요합니다.

같은 크기의 집이라도 위치에 따라 집을 짓는 돌의 개수가 달라!

바둑판의 중앙은 사방이 뚫려 있어 집을 짓기가 어려워.

🐟 흑집이 몇 집인지 세어 빈칸에 써 봅시다.

1

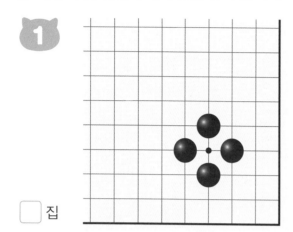

☐ 집

2

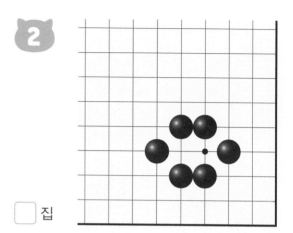

☐ 집

3

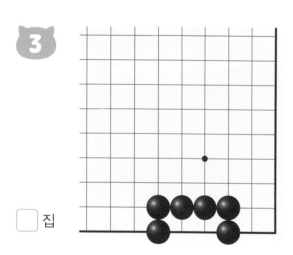

☐ 집

4

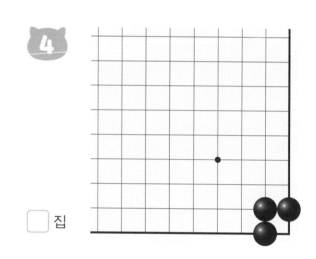

☐ 집

5

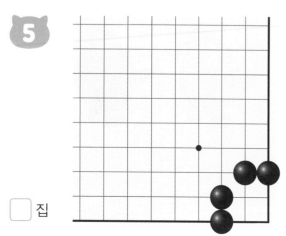

☐ 집

6

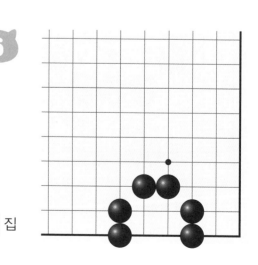

☐ 집

백집이 몇 집인지 세어 빈칸에 써 봅시다.

7

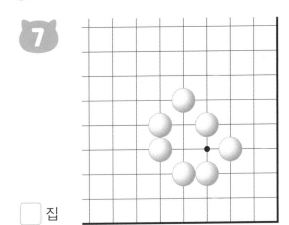

☐ 집

8

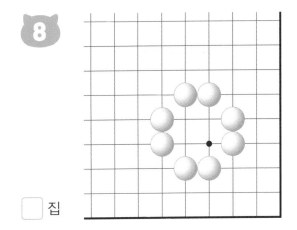

☐ 집

9

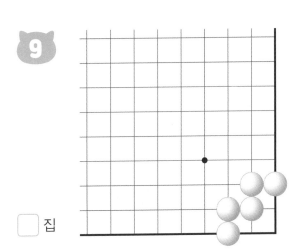

☐ 집

10

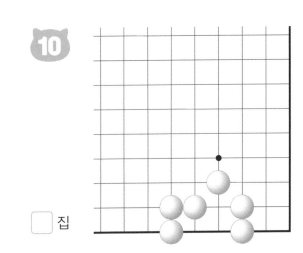

☐ 집

11

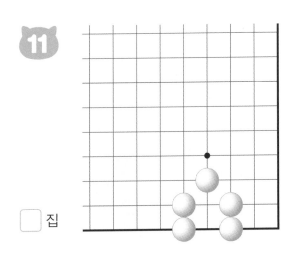

☐ 집

12

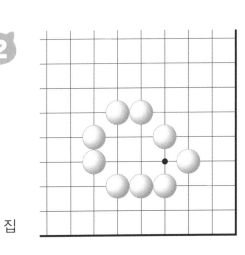

☐ 집

🐟 바둑판에 흑돌을 그려, ○로 표시한 흑집을 완성해 봅시다.

13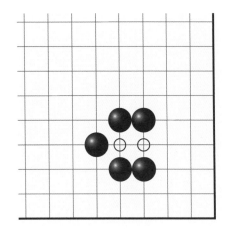

14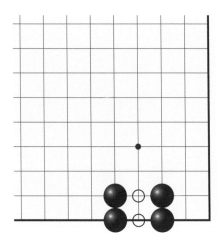

15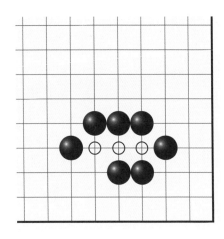

16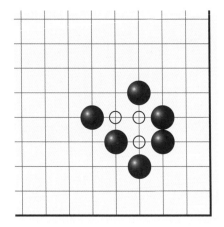

17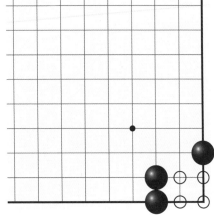

18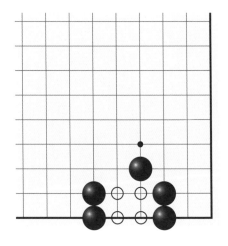

바둑판에 백돌을 그려, ○로 표시한 백집을 완성해 봅시다.

19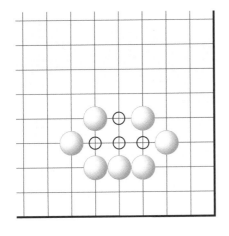

20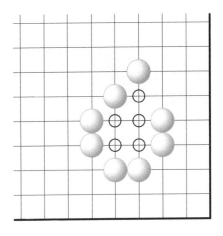

21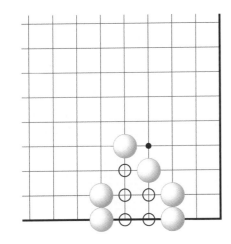

22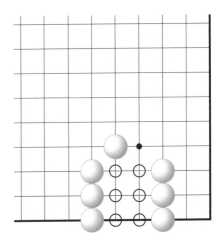

23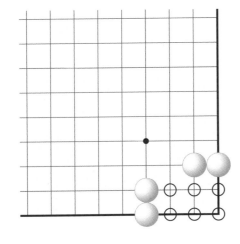

24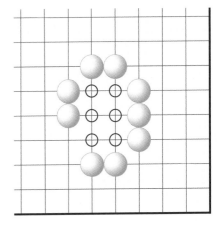

마음이 쑥쑥

🐟 이야기 속 한돌이의 상황을 보고, 다음 질문에 답해 봅시다.

💜 내가 한돌이라면 어떻게 행동할지 그 이유를 함께 써 봅시다.

이세돌 9단 VS 알파고

세계에서 가장 유명한 프로 기사는 누구일까요? 많은 사람들은 인공 지능 프로그램과 대결하여 유일하게 승리를 거둔 이세돌 9단을 떠올릴 것입니다.

2016년 3월, 이세돌 9단은 구글에서 개발한 인공 지능 프로그램인 '알파고'와 다섯 번의 대국을 펼쳤습니다. 이세돌 9단과 알파고의 대결은 인공 지능과 인간의 대결로 전 세계의 관심을 받았습니다. 대국을 앞두고 대부분의 사람들은 이세돌 9단이 알파고를 이길 것이라고 예상했습니다. 왜냐하면 바둑은 인간이 만들어 낸 가장 창의적이고 지적인 게임이며, 바둑에는 수많은 경우의 수가 있기 때문에 과학이 정복하기 어려운 영역이라고 여겼기 때문입니다. 그러나 세 번째 대국까지 알파고가 계속해서 이기자 사람들은 인공 지능 프로그램의 능력에 충격을 받았습니다.

하지만 이세돌 9단은 좌절하지 않았고, 마침내 네 번째 대국에서 '신의 한 수'라 불리는 묘수를 두며 기적 같은 승리를 거두었습니다. 이세돌 9단의 굴하지 않는 도전 정신과 의지가 이루어 낸 값진 승리였기에 전 세계 사람들이 함께 기뻐했습니다. 사람들은 끝까지 포기하지 않고 멋진 승부를 펼친 이세돌 9단에게 큰 감동을 받았고, 아낌없는 격려와 박수를 보냈습니다.

패

- 패를 이해하고 순서를 지켜 돌을 따낼 수 있어요.
- 패와 패가 아닌 모양을 구분할 수 있어요.
- 인성 바둑을 배우며 서로 배려할 수 있어요.

오늘 배울 내용을 생각해 보며, 그림을 살펴봅시다.

무한 반복은 피해야 한다.

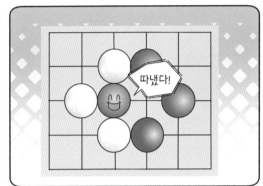

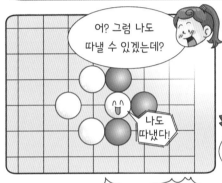

패

패란, 서로 따내는 모양이 계속해서 반복되는 형태로 양쪽이 번 갈아 가며 계속 따낼 수 있는 상황을 말합니다.

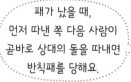
패가 났을 때,
먼저 따낸 쪽 다음 사람이
곧바로 상대의 돌을 따내면
반칙패를 당해요.

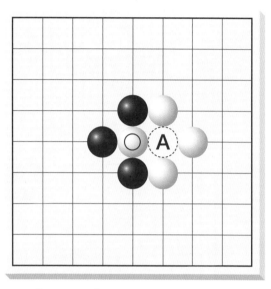

흑이 Ⓐ에 두면 ◎를 먼저 따낼 수 있으므로 Ⓐ는 착수 금지가 아닙니다.

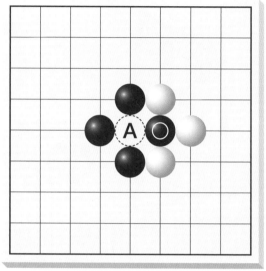

그다음 백이 Ⓐ에 두면 어떻게 될까요? ◉를 먼 저 따낼 수 있으므로 Ⓐ도 착수 금지가 아닙니다.

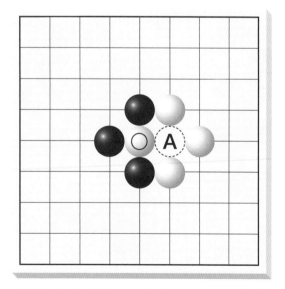

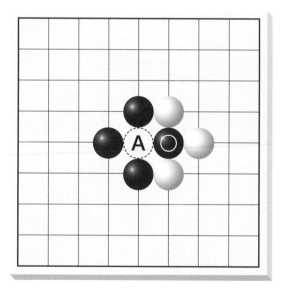

이처럼 Ⓐ에 두었을 때, ◎와 ◉를 서로 계속해서 따낼 수 있는 모양을 **패**라고 합니다. 이렇게 끝없이 되풀이되는 것 을 막기 위해 패가 발생하면 처음 따내는 쪽 다음에 두는 사람은 곧바로 다시 따낼 수 없는 규칙이 있습니다.

패 구분

패는 계속 따내기가 반복되는 모양입니다. 만약 어느 한쪽이 돌을 따내고 나서 계속 따내는 형태가 반복되지 않으면 그것은 패가 아닙니다.

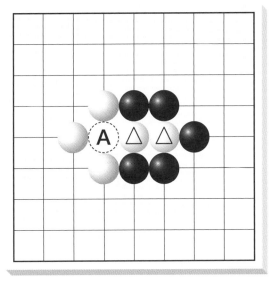

Ⓐ에 흑돌을 두었을 때, △를 따낼 수 있을지 생각해 봅시다.

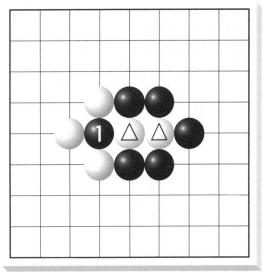

❶을 두면 백돌의 활로를 모두 막았으므로 △를 따낼 수 있습니다.

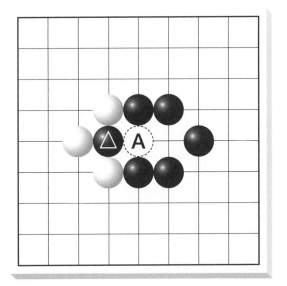

위의 상태에서 백은 Ⓐ에 바로 두어 △를 따낼 수 있을까요?

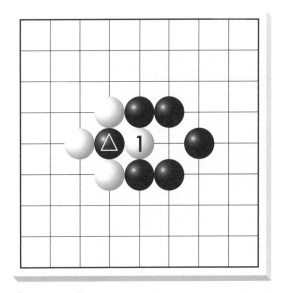

①을 두면 △를 바로 따낼 수 있습니다. 이 모양은 따내는 형태가 계속 반복되지 않으므로 패가 아닙니다.

🐟 패 모양을 찾아 백돌을 따내 봅시다.

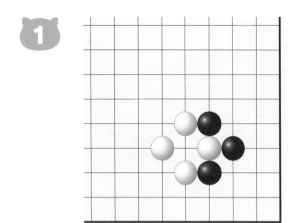

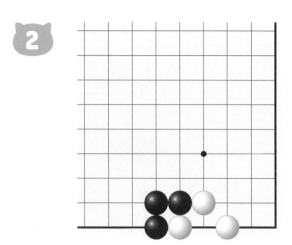

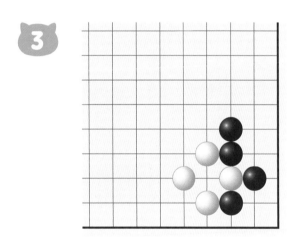

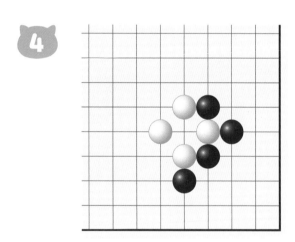

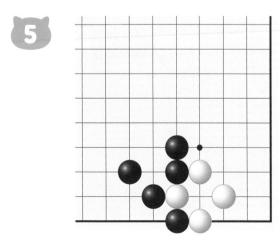

도전

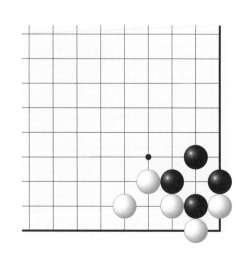

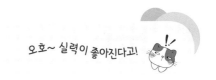
 패 모양을 찾아 흑돌을 따내 봅시다.

7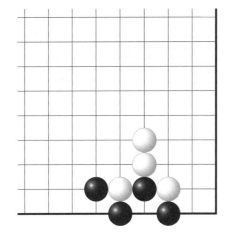

8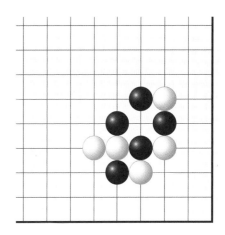

9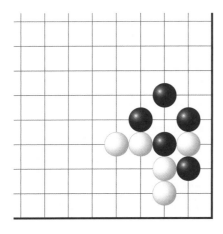

10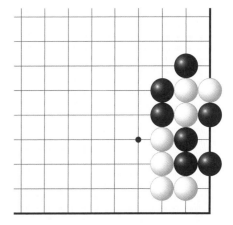

11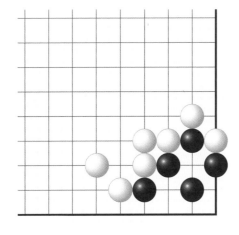

12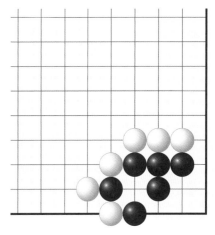

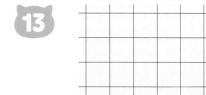

 패 모양이면 ○표, 패 모양이 아니면 X표를 해 봅시다.

13

14

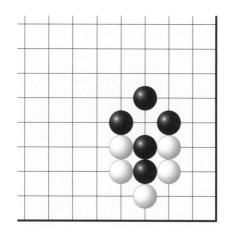

15

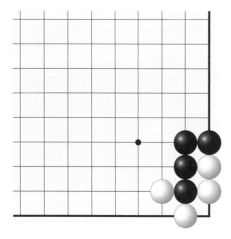

16

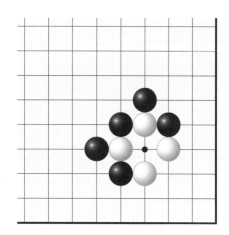

17

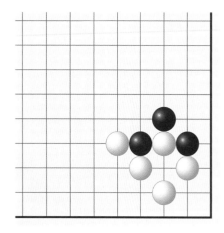

도전
18

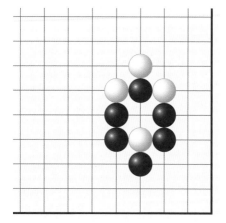

🐟 백이 ◬로 단수 쳤습니다. 바둑판에 흑돌을 그려 패 모양을 만들어 봅시다.

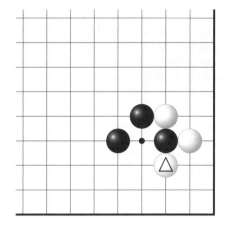

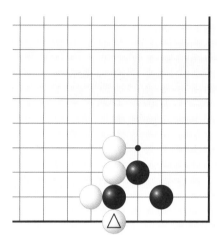

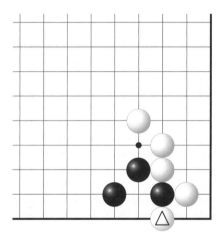

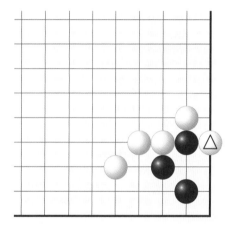

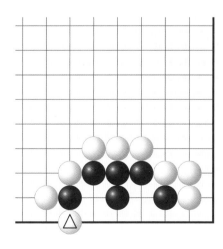

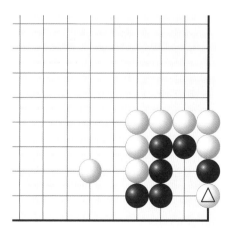

마음이 쑥쑥

🐟 이야기 속 친구들을 보고, 다음 질문에 답해 봅시다.

💜 바둑을 두며 서로를 존중하고 배려하는 마음을 실천하는 방법을 찾아 써 봅시다.

바둑 십계명 '위기십결(圍棋十訣)'

위기십결이란 '바둑 십계명'으로 바둑을 두는 데 명심해야 할 10가지 비결을 말합니다. 바둑뿐만 아니라 우리의 인생에도 적용할 수 있는 소중한 교훈인 위기 십결을 살펴보고, 실천해 볼까요?

위기십결의 노래

❶ 부득탐승(不得貪勝): 승리를 탐하면 이기지 못한다.
승부에 지나치게 욕심을 내면 오히려 이길 수 없으니, 마음을 비우고 두어야 한다는 뜻입니다.

❷ 입계의완(入界宜緩): 적의 진영에 들어갈 때는 서두르지 말고 느릿하게 들어가라.
상대의 집을 깨러 갈 때는 적당한 선까지 차근차근 들어가야지, 서둘러서 너무 깊게 들어가서는 안 된다는 뜻입니다.

❸ 공피고아(功彼顧我): 공격할 때는 나의 약점을 먼저 돌아보라.
상대방을 공격하기 전에, 먼저 나의 약점은 없는지를 살펴보라는 뜻입니다.

❹ 기자쟁선(棄子爭先): 돌 몇 개를 버리더라도 선수를 잡아라.
'선수(先手)'란 상대방보다 먼저 두는 일로, 바둑에서는 선수를 잡아 자신의 의도대로 이끌어 가는 것이 매우 중요합니다. 따라서 어느 정도 손해를 보더라도 선수를 잡아 판을 주도하라는 뜻입니다.

❺ 사소취대(捨小就大): 작은 것을 버리고 큰 것을 얻어라.
작은 이득에 연연하지 말고, 크고 중요한 곳을 차지하라는 뜻입니다.

❻ 봉위수기(逢危須棄): 위기에 처하면 모름지기 버려라.
위기에 몰려 살리기 어려운 돌을 끌고 다니며 더 키우지 말고 과감히 버리는 것이 좋다는 뜻입니다.

❼ 신물경속(愼勿輕速): 빠르고 경솔하게 두는 것을 삼가라.
바둑에서 한번 둔 수는 결코 무를 수 없기 때문에, 가장 좋은 수를 찾아 신중하게 두라는 뜻입니다.

❽ 동수상응(動須相應): 상대의 움직임에 호응하여 두어 가라.
상대가 둔 수의 의도를 잘 파악하고 그에 맞춰 적절히 대응해야 한다는 뜻입니다.

❾ 피강자보(彼强自保): 적이 강할 때는 자신을 보호하라.
상대의 돌이 강한 곳에서는 자신의 약점을 돌보며 튼튼하게 두어야 한다는 뜻입니다.

❿ 세고취화(勢孤取和): 세력이 약한 곳에서는 싸우지 말고 평화를 취하라.
자신의 세력이 상대보다 약한 곳에서는 무리하게 싸움을 걸지 말고 평화적인 자세로 때를 기다리라는 뜻입니다.

연결과 끊음

이 단원을 배우면!

• 내 돌을 연결하는 방법을 알 수 있어요.
• 상대방의 돌을 끊을 수 있어요.
인성 바둑을 두며 친구들과 협동하는 자세를 기를 수 있어요.

 오늘 배울 내용을 생각해 보며, 그림을 살펴봅시다.

뭉치면 살고 흩어지면 죽는다!

돌의 연결

돌의 연결은 바둑의 아주 중요한 원리로, 기본적으로 돌은 연결하면 강해집니다. 내 돌을 연결하는 방법을 배워 봅시다.

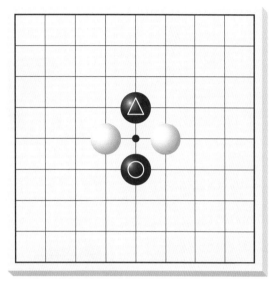

▲와 ○를 연결하려면 어디에 두어야 할까요?

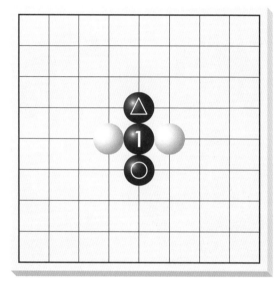

①을 두면 흑돌을 연결할 수 있습니다.

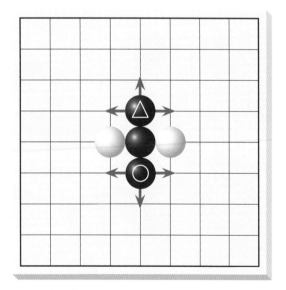

돌이 연결되면 활로가 늘어나서 튼튼하고 강해집니다.

돌을 서로 연결하면 활로가 늘어나요.

그래서 더 강해지고 발전할 수 있어요!

돌의 끊음

돌이 끊어지면 활로가 줄어들어 약해집니다. 상대방의 돌을 끊는 방법을 배워 봅시다.

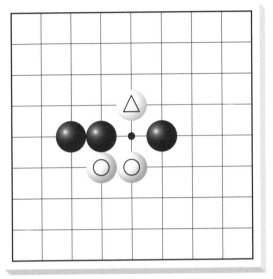

△와 ◎를 끊으려면 흑돌을 어디에 두어야 할까요?

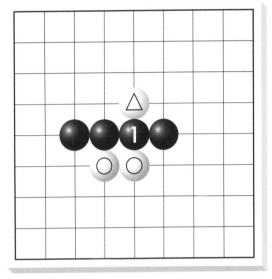

❶의 자리에 두면 백돌을 끊을 수 있습니다.

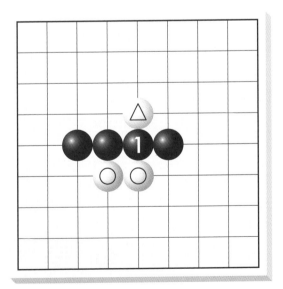

❶은 상대의 돌을 끊음과 동시에 내 돌을 연결할 수 있기 때문에 중요한 자리입니다.

상대의 돌은 끊어서 약하게 만들어야 해요!

돌과 돌이 끊어지면 활로가 줄어들어요.

🐟 바둑판에 흑돌을 그려 떨어져 있는 흑돌을 연결해 봅시다.

1

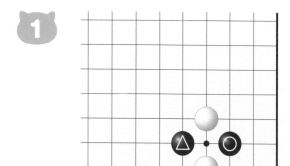

2

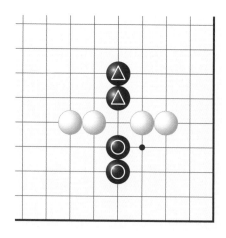

3

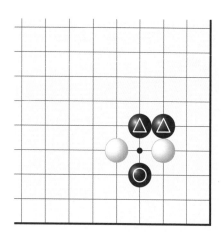

4

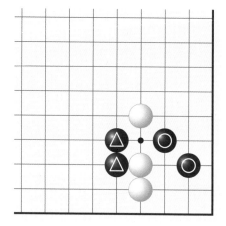

5

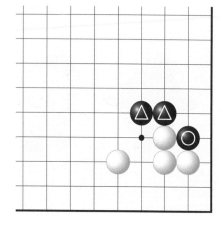

6

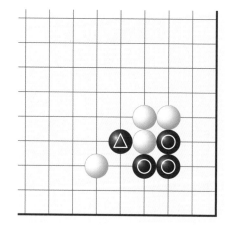

오호~ 실력이 좋아진다고!

 바둑판에 흑돌을 그려 떨어져 있는 흑돌을 연결해 봅시다.

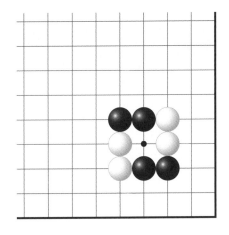

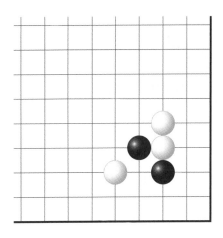

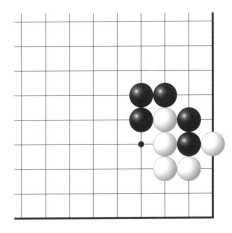

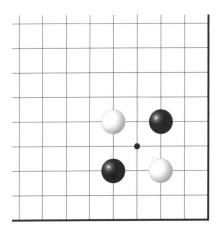

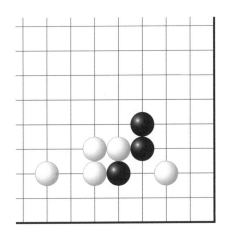

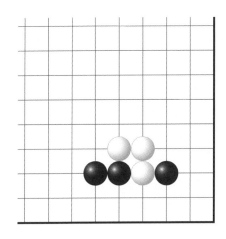

바둑판에 흑돌을 그려 ⚆와 ◎를 끊어 봅시다.

13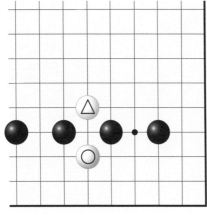

14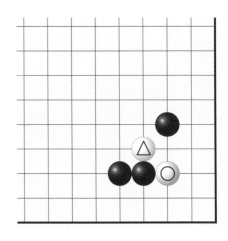

15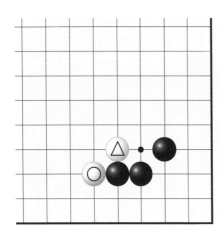

16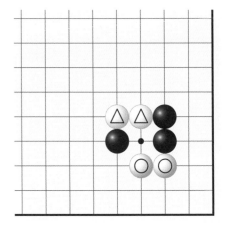

17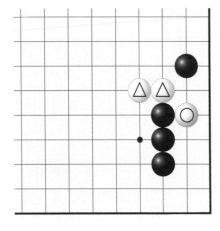

18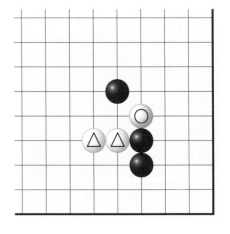

 바둑판에 흑돌을 그려 백돌을 끊어 봅시다.

19

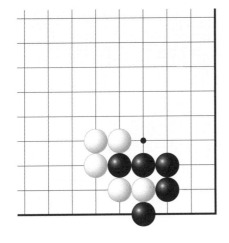

20

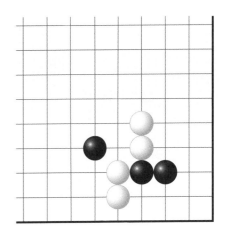

21

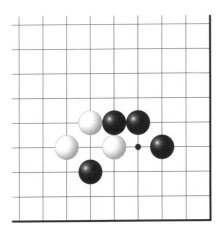

22

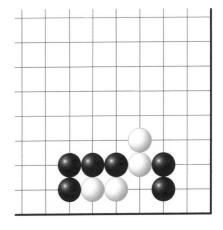

23

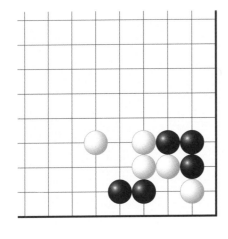

도전 **24**

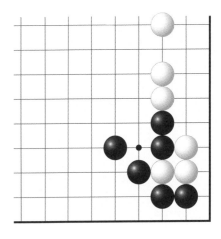

다음 이야기를 보고, 세계 바둑 단체전에서 우리나라가 우승할 수 있었던 이유를 생각해 봅시다.

친구들과 바둑 단체전을 둘 때 어떤 자세를 지녀야 하는지 써 봅시다.

〈 바둑판의 비밀 〉

바둑판을 떠올리면 생각나는 모양이 있나요? 대부분은 가로세로 각각 19줄이 그어진 정사각형의 나무판이 떠오를 것입니다. 그러나 바둑판을 실제로 재어 보면 가로 42cm, 세로 45cm로 가로와 세로의 길이가 다릅니다. 그렇다면 세로가 긴 직사각형이 정사각형처럼 보이는 까닭은 무엇일까요? 바로 바둑을 둘 때 바둑판을 비스듬하게 내려다보는 사람에게 착시가 일어나기 때문입니다. 또한 바둑을 둘 때는 바둑판의 세로 거리를 사이에 두고 마주 앉게 되는데, 그때 두 사람 사이의 거리가 되는 '45cm'가 가장 친밀감이 느껴지는 거리라고 합니다.

바둑판을 만드는 나무는 무엇일까요? 바둑판의 재료로는 은행나무, 소나무 등 여러 가지가 있지만 그중 최고로 여기는 것은 비자나무입니다. 비자나무는 재질이 단단할 뿐만 아니라 물에도 강해 옛날부터 배나 가구를 만들 때 주로 사용되었다고 합니다. 또한 비자나무로 만든 바둑판은 색상이 밝고 광택이 뛰어나 바둑을 두는 사람들이 눈의 피로를 덜 느끼고, 비자나무 바둑판에 바둑돌을 놓을 땐 맑은 소리가 울리고 은은한 향기가 난다고 합니다.

보통은 19줄로 이루어진 바둑판을 가장 많이 이용하지만 어린이나 초보자들은 13줄이나 9줄 바둑판으로 대국을 하기도 한답니다.

단수 치는 방향

• 상대의 돌을 1선 쪽, 우리 편 쪽으로 단수 치는 방법을 배울 수 있어요.
• 상대의 돌을 끊으면서 단수 치는 방법을 배울 수 있어요.
인성 신중하게 생각하고 돌을 두어 가는 태도를 기를 수 있어요.

 오늘 배울 내용을 생각해 보며, 그림을 살펴봅시다.

구석으로 몰면 도망갈 곳이 없다.

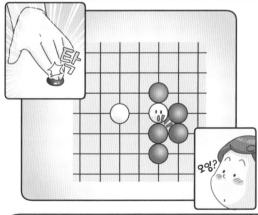

1선 쪽으로 단수

바둑에서 돌을 쉽게 잡을 수 있는 단수가 몇 가지 있습니다. 그중 상대의 돌을 1선 쪽으로 몰아 단수 치는 방법을 알아봅시다.

1선은 절벽과 같은 곳이기 때문에 죽음의 선이라고도 불러요.

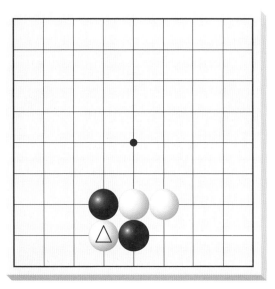

흑이 △를 잡으려면 어느 쪽으로 단수를 몰아야 할까요?

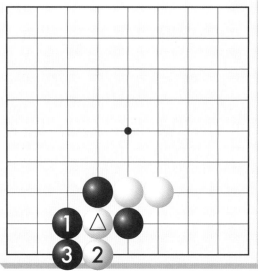

❶처럼 1선 방향으로 단수를 치면 백돌을 잡을 수 있습니다. 백이 ②로 달아나도 흑이 ❸으로 계속 몰아가면, 백은 갈 곳이 없습니다.

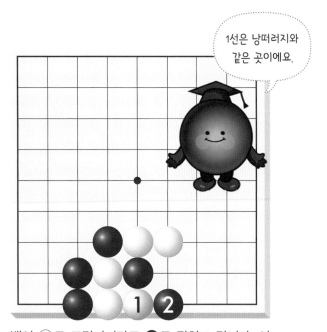
1선은 낭떠러지와 같은 곳이에요.

백이 ①로 도망가더라도 ❷로 잡히고 맙니다. 이처럼 1선은 사망선이기 때문에 1선 방향으로 단수를 치면 상대의 돌을 잡을 수 있습니다.

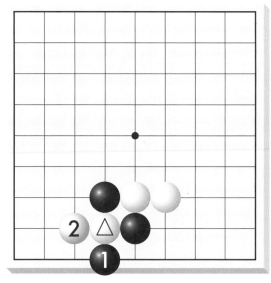

단수를 반대로 몰아가면 어떻게 될까요? 백이 ②로 달아나면 백돌의 활로가 3개로 늘어나 잡을 수 없습니다.

우리 편 쪽으로 단수

상대의 돌을 우리 편 쪽으로 몰아 단수 치는 방법을 알아봅시다.

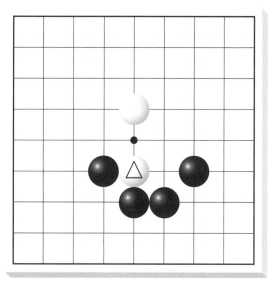

흑이 △를 잡으려면 어느 쪽으로 단수를 몰아야 할까요?

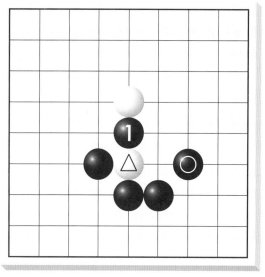

❶처럼 우리 편 ◎가 있는 방향으로 단수를 치면 백돌을 잡을 수 있습니다.

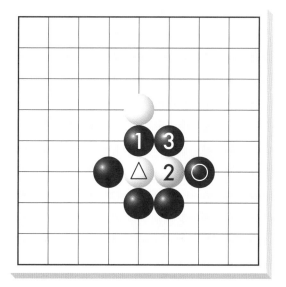

백이 ②로 달아나도 우리 편 ◎가 기다리고 있기 때문에 바로 단수가 되어 ❸으로 따낼 수 있습니다.

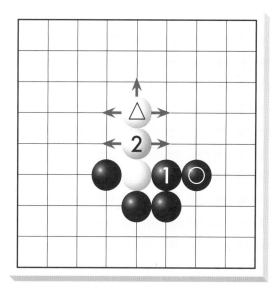

만약 ❶처럼 반대로 단수를 몰면 어떻게 될까요? 백이 ②로 △와 연결해 활로가 5개로 늘어나게 되므로 흑은 백돌을 잡을 수 없습니다.

끊으면서 단수

돌이 연결되면 활로가 늘어나 잡기 어렵기 때문에 상대의 돌이 연결되지 못하도록 해야 합니다. 상대의 돌을 끊으면서 단수 치는 방법을 알아봅시다.

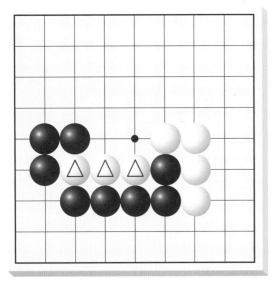

흑이 △를 잡으려면 어느 쪽으로 단수를 몰아야 할까요?

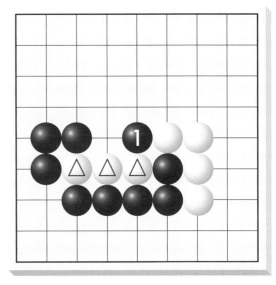

❶로 끊으면서 단수를 치면 △ 세 점을 잡을 수 있습니다.

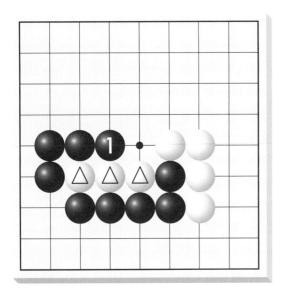

만약 ❶로 단수를 치면 어떻게 될까요?

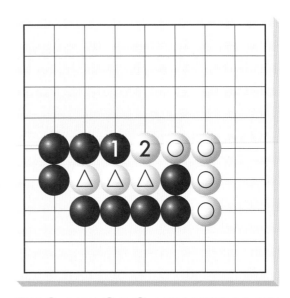

백이 ②에 두어 △와 ◎가 전부 연결됩니다. 이렇게 되면 백돌의 활로가 늘어나 잡을 수 없습니다.

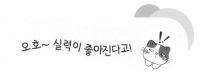
🐟 백 △를 1선 방향으로 단수 쳐서 잡아 봅시다.

 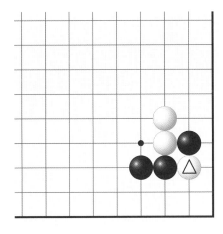

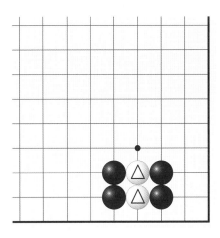

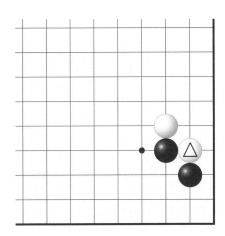

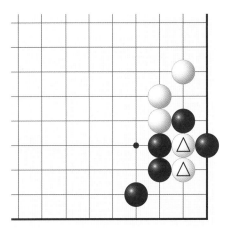

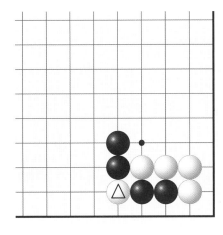

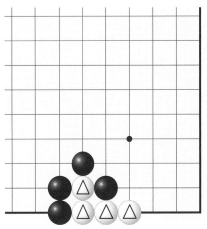

백 △를 우리 편이 있는 방향으로 단수 쳐서 잡아 봅시다.

7

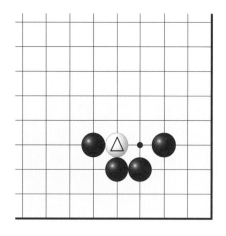

8

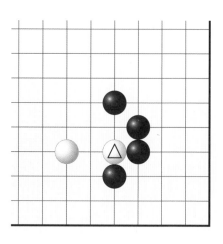

9

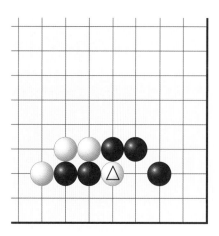

10

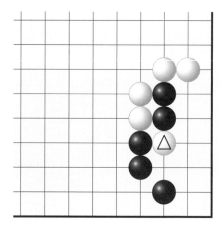

11

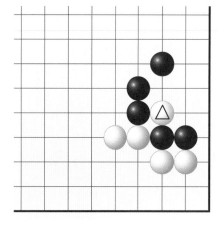

12

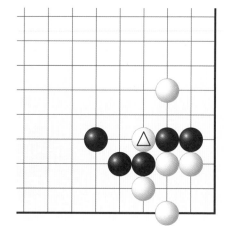

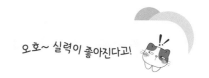

백△와 백◎를 끊으면서 단수 쳐서 잡아 봅시다.

13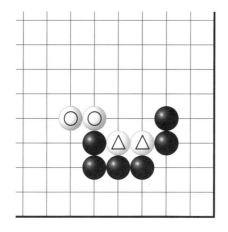

14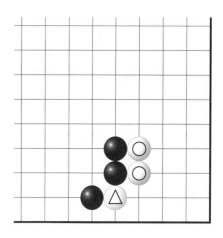

15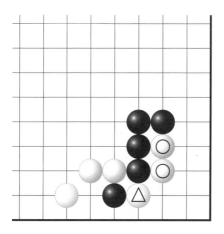

16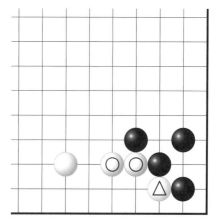

17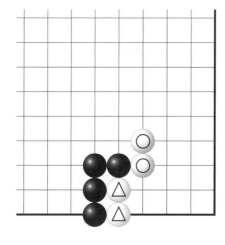

도전
18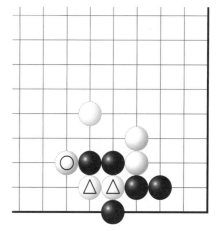

🐟 다음 이야기를 보고, 바둑을 둘 때 신중한 자세가 중요한 이유를 생각해 봅시다.

💜 신중하게 바둑을 두기 위해 필요한 자세는 무엇인지 써 봅시다.

〔 바둑돌의 크기 〕

　바둑은 바둑판과 바둑돌만 있다면 언제 어디서든 즐길 수 있습니다. 그렇다면 우리가 사용하는 흑돌과 백돌의 크기는 똑같을까요? 실제 흑돌과 백돌의 크기는 다릅니다. 밝은 색이 어두운 색보다 더 커 보이는 착시 효과 때문에 백돌을 흑돌보다 약간 작게 만듭니다. 그래야 눈으로 볼 때 흑돌과 백돌의 크기가 똑같이 느껴지기 때문입니다.

　바둑돌은 보통 흑돌 181개, 백돌 180개를 만듭니다. 흑이 먼저 두기 때문에 한 개를 더 만드는 것입니다. 전통적으로 흑돌은 오석(烏石)과 같은 검은색 돌, 백돌은 흰 조개껍데기 등으로 만들었지만, 현대에는 유리, 플라스틱, 사기, 돌, 인조석 등 다양한 재료로 만듭니다. 옛날 황실에는 옥(玉)으로 만든 고급 바둑돌을 비롯해 상아로 만든 바둑돌, 금(金) 도금을 한 바둑돌 등도 있었다고 합니다. 또한 흑·백만이 아니라 청록색, 자주색 등 색깔이 있는 바둑돌이나 바둑돌 하나하나에 그림이 새겨진 것도 있었다고 합니다.

축

이 단원을 배우면!

• 축의 의미를 이해할 수 있어요.

• 상대의 돌을 잡기 위한 축의 올바른 방향을 알 수 있어요.

 바둑을 두며 친구들과 조화를 이루는 자세를 배울 수 있어요.

 오늘 배울 내용을 생각해 보며, 그림을 살펴봅시다.

💡 한쪽으로 몰면 모조리 잡을 수 있다!

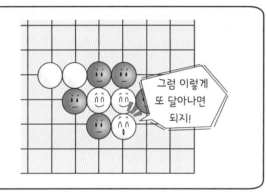

축

상대의 돌을 계속해서 단수로 몰아가 잡는 기술을 축이라고 합니다. 축은 돌을 잡는 가장 기본적이고 중요한 기술입니다.

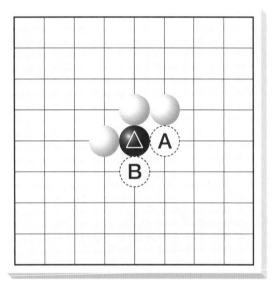

백이 ▲를 잡으려면 Ⓐ와 Ⓑ 중 어느 쪽으로 단수를 몰아야 할까요?

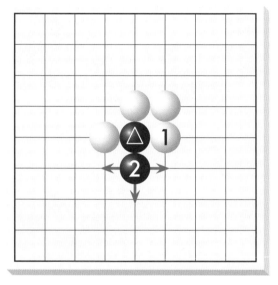

먼저 ①로 두어 단수를 몰면 흑은 ❷를 두면서 활로가 3개 생깁니다.

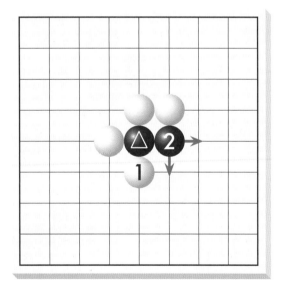

만약 백이 ①로 두어 단수를 몰면 흑은 ❷를 두면서 활로가 2개 생깁니다.

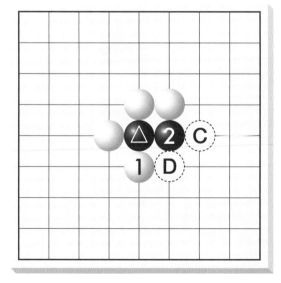

흑의 활로를 늘어나지 않게 하려면 Ⓒ와 Ⓓ 중 어느 쪽으로 단수를 몰아야 할까요?

축에 몰린 쪽은 도망가도 결국 잡히기 때문에 처음부터 포기해야 합니다. 축에 몰렸을 때 계속해서 끌고 나가면 더 많은 바둑돌이 잡히기 때문입니다.

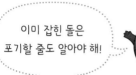
이미 잡힌 돌은 포기할 줄도 알아야 해!

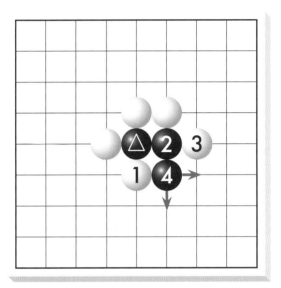

③으로 두면 ❹로 나가도 활로는 2개로 늘지 않지만, 만약 ⒟로 두면 흑이 ③의 자리로 나갔을 때 활로가 3개로 늘어납니다.

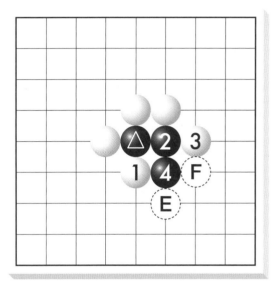

흑의 활로를 늘지 않게 하려면 ⒠와 ⒡ 중 어느 쪽으로 단수를 몰아야 할까요?

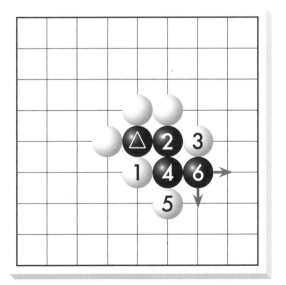

⑤로 두면 ❻으로 나가도 활로는 2개로 늘지 않지만, 만약 ⒡에 두면 흑이 ⑤의 자리로 나갔을 때 활로가 3개로 늘어납니다.

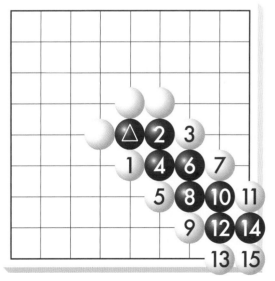

이렇게 상대의 활로가 2개만 되도록 만들며 계속해서 단수를 몰아가 잡는 기술을 **축**이라고 합니다.

축의 방향

축으로 상대의 돌을 잡을 때는 방향이 중요합니다. 축을 몰 때는 상대의 돌이 없는 쪽이거나 내 돌이 약하지 않은 쪽을 선택해야 합니다.

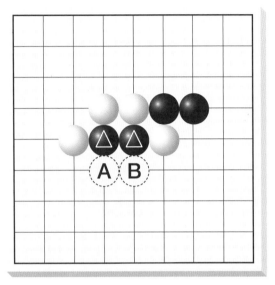

백이 ▲를 축으로 잡으려면 Ⓐ와 Ⓑ 중 어디에 두어야 할까요?

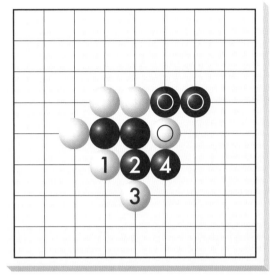

만약 ①로 두면 ●가 있는 방향으로 흑이 달아나면서 ◎가 단수를 당하기 때문에 축으로 몰아서 잡을 수 없습니다.

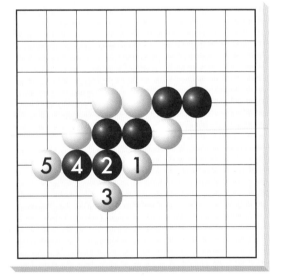

따라서 ①로 두어야 흑돌이 없는 쪽으로 단수를 몰아 흑을 잡을 수 있습니다.

축을 모는 방향이 중요해.

단수 치는 방향에 따라 성공할 수도 있고, 실패할 수도 있구나!

축으로 백△를 잡아 봅시다.

1
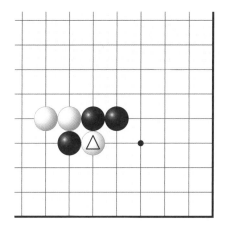

2
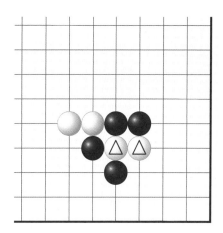

3
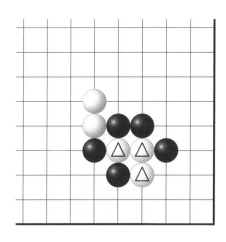

4
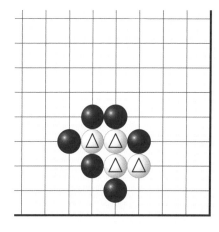

5
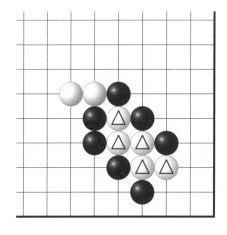

6
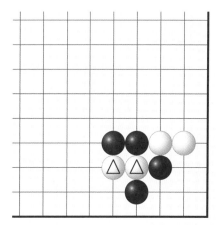

🐟 축으로 백△를 잡아 봅시다.

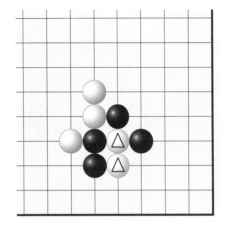

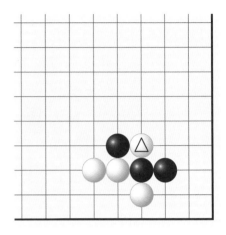

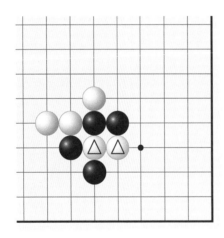

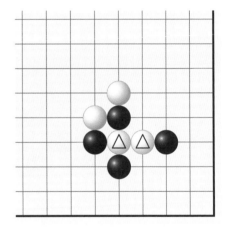

도전

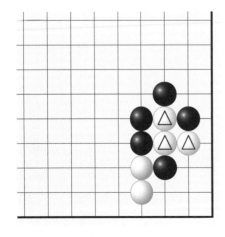

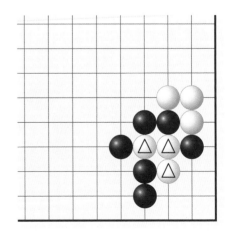

🎨 ⓐ와 ⓑ 중에서 올바른 축의 방향을 골라 ✔표를 해 봅시다.

13

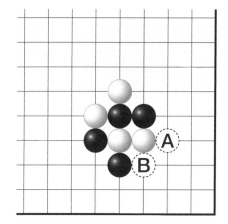

- [ ] A
- [ ] B

14

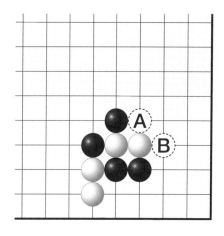

- [ ] A
- [ ] B

15

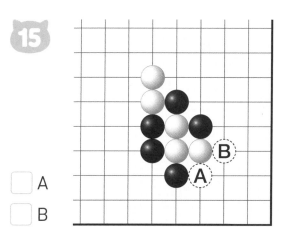

- [ ] A
- [ ] B

16

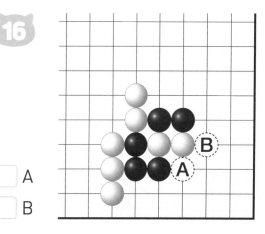

- [ ] A
- [ ] B

17

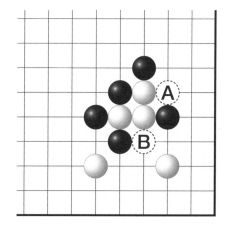

- [ ] A
- [ ] B

18

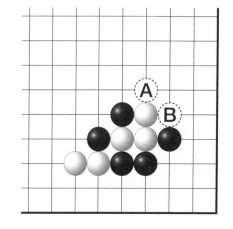

- [ ] A
- [ ] B

마음이 쑥쑥

🐟 까마귀와 백로의 모습을 보고, 다음 질문에 답해 봅시다.

💜 친구들을 존중하고 조화를 이루었던 경험을 써 봅시다.

바둑의 다양한 이름

바둑은 사람들에게 오랫동안 사랑받으며 여러 가지 이름을 얻게 되었습니다. 바둑을 부르는 이름에는 무엇이 있는지 함께 알아봅시다.

① 난가(爛柯) 난가는 썩은 도낏자루라는 뜻으로 옛날에 나무꾼이 두 신선이 바둑 두는 것을 구경하는 동안에 도낏자루가 썩어 버렸다는 이야기에서 유래되었습니다.

② 오로(烏鷺) 오로는 까마귀와 백로를 뜻하며, 바둑에서 흑돌과 백돌을 상징합니다. 바둑은 두 사람이 백돌과 흑돌을 나누어 가지고 승부를 겨루는 놀이이자, 흑과 백이 조화를 이루는 예술입니다.

③ 귤중지락(橘中之樂) 옛날 중국의 귤나무에 유난히 크게 열린 귤을 따서 쪼개어 보니, 그 속에서 두 노인이 바둑을 두면서 즐거워하고 있었다는 이야기에서 유래되었습니다. 귤중지락은 바둑을 두는 재미를 이르는 말입니다.

④ 수담(手談) 바둑은 손으로 나누는 이야기라고도 하여 수담이라고도 부릅니다. 바둑은 한 수씩 번갈아 놓으며 서로 말이 없어도 마음과 생각을 소통할 수 있습니다.

10 장문

이 단원을 배우면!

- 장문을 이해할 수 있어요.
- 돌이 달아나는 모양을 예측하고, 장문으로 상대의 돌을 잡을 수 있어요.
- 인성 바둑을 두며 책임감 있는 태도를 기를 수 있어요.

 오늘 배울 내용을 생각해 보며, 그림을 살펴봅시다.

이쪽으로 올 줄 알고 있었지!

나는 네가 갈 길을 알고 있다.

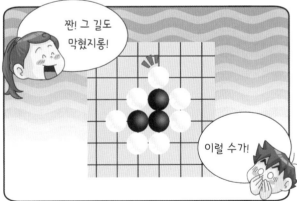

장문

장문은 바로 단수 치지 않고, 포위망을 씌워 돌을 잡는 고급 기술입니다.
장문에 대해 알아봅시다.

藏	門
감출 장	문 문

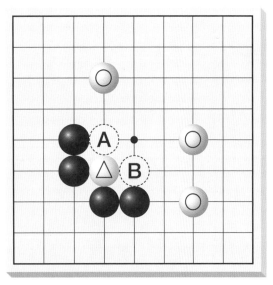

흑이 △를 잡으려고 합니다. 축을 이용하려면
A와 B 중에 단수를 몰아야 합니다. 과연 축이
성립할까요?

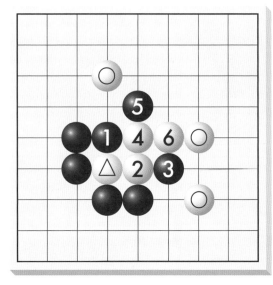

A로 단수를 몰면 백이 도망가다 ⑥으로 나갔을 때
◎와 연결되어 더 이상 백돌을 잡을 수 없습니다.

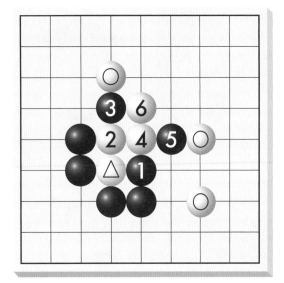

B로 단수를 몰아 볼까요? 반대 방향으로 축을 몰
아도 백이 달아나면서 ⑥으로 오히려 흑돌이 단수
를 당합니다.

주위에 백돌이 있어서
△를 축으로 잡긴
어려워요.

다른 방법을
생각해 볼까요?

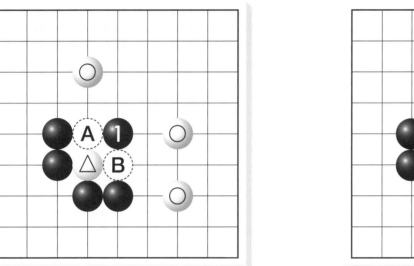

이번에는 ❶처럼 한 발 떨어져서 포위망을 씌워
봅시다. 두 개의 활로가 있는 △는 살 수 있을까
요?

백이 Ⓐ로 달아나려 해도 흑이 계속해서 포위망을
좁히면 백돌이 빠져나갈 구멍이 없습니다.

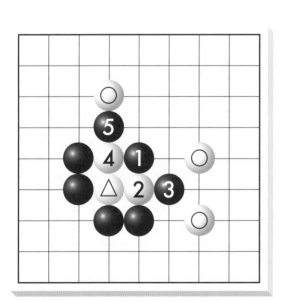

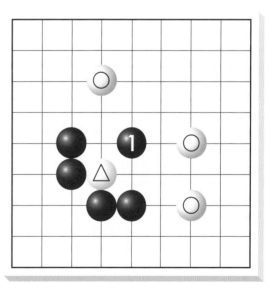

백이 Ⓑ로 나가봐도 계속 길이 막혀 도망갈 곳이
없습니다. 주위의 백돌도 도움을 주지 못합니다.

이처럼 조금 떨어져서 포위망에 가두어 잡는 기술
을 **장문**이라고 합니다.

장문의 유형

지금까지 활로가 2개인 돌을 잡는 방법을 배웠다면, 이제 장문을 이용해 활로가 3개인 돌을 잡는 방법을 알아봅시다.

장문도 축처럼 당한 쪽은 포기하고 다른 곳에 두어야 해요. 탈출을 시도했다가 더 키워서 잡히면 손해도 더 커지니까요.

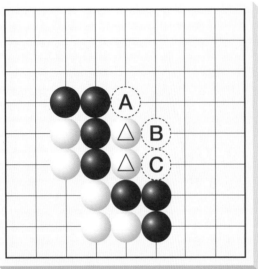

두 개의 △는 흑돌들을 끊고 있는 중요한 돌, 즉 '요석(要石)'입니다. 흑은 △를 반드시 잡아야 하고, 백돌은 활로가 3개입니다. 어떤 수가 있을까요?

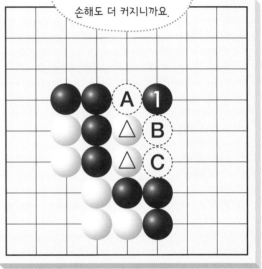

지금과 같은 형태에서는 ❶로 장문을 치는 것이 아주 멋진 수법입니다. 백돌은 여전히 활로가 3개입니다. 백이 도망가면 어떻게 될까요?

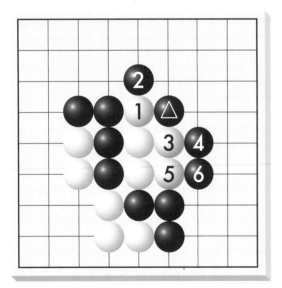

백이 흑의 그물을 뚫고 아무리 달아나려 해도 흑이 못 나오게 막아 가면 결국 백돌은 잡히고 맙니다.

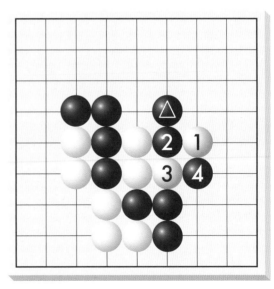

①처럼 멀리 도망가려 해도 ❷와 ❹로 끊어 가면 결국 포위망에 갇히게 됩니다.

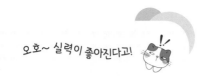

 바둑판에 흑돌을 그려 백△를 장문으로 잡아 봅시다.

1
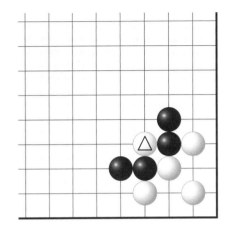

2
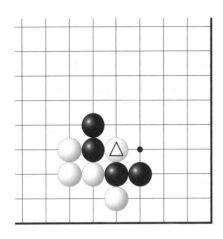

3
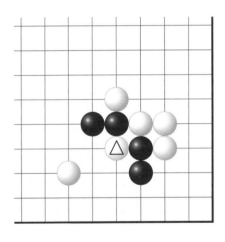

4
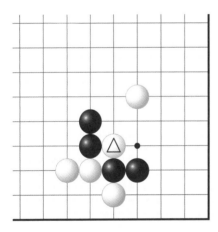

5
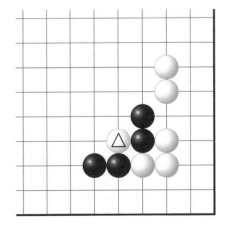

6
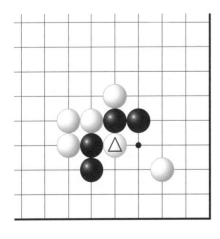

바둑판에 흑돌을 그려 백△를 장문으로 잡아 봅시다.

7

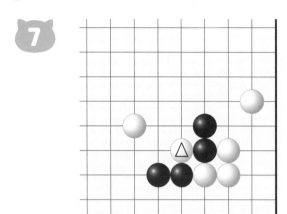

8

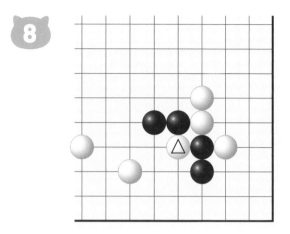

9

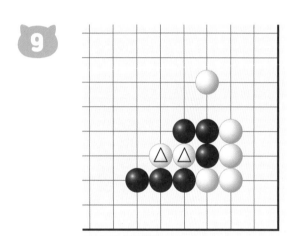

10

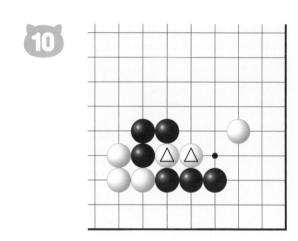

11

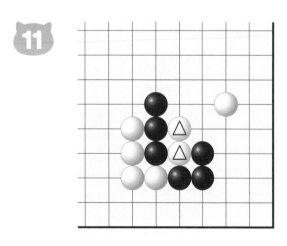

12

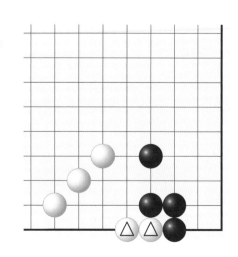

🐟 장문으로 잡을 수 있는 백돌을 찾아 장문을 씌워 봅시다.

13

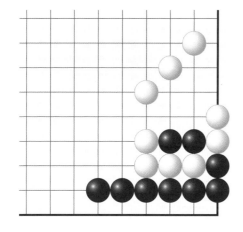

14

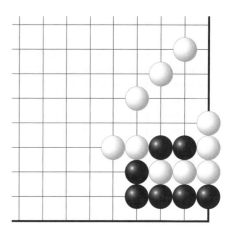

15

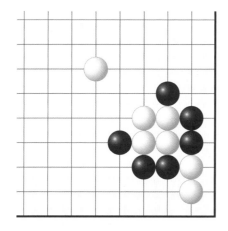

16

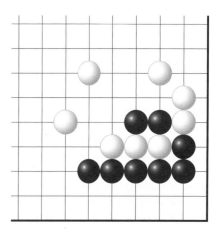

17

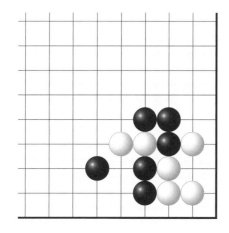

도전 **18**

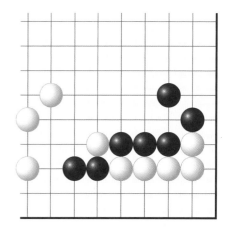

다음 그림을 보고, 책임감 있는 태도의 중요성을 생각해 봅시다.

나리의 선택은?

난 지겨워서 그만 둘래.

어려운 상황이네. 이렇게 두어 볼까?

나의 책임감 점수를 색칠해 보고, 그렇게 생각한 이유를 함께 써 봅시다.

나의 책임감은 ☆ ☆ ☆ ☆ ☆점입니다. 그 이유는

단·급 체계

18급 ~ 1급

아마추어
초단 ~ 7단

프로
초단 ~ 9단

급수는 그 사람의 바둑 실력을 나타냅니다. 급은 보통 18급에서 1급까지 나뉘며, 실력이 향상될수록 급의 숫자는 낮아집니다. 한국기원과 대한바둑협회는 30급부터 시작하는 '어린이 단급 체계'를 만들어 적용하고 있습니다. 1급에 오르고 한 단계 더 성장하면, 급에서 단으로 단위가 바뀝니다. 현재 아마추어의 단은 초단(初段)에서 7단까지로 구성되어 있는데, 단의 경우에는 실력이 강할수록 숫자가 높아집니다.

프로 기사의 단은 아마추어의 단과 엄격하게 구별됩니다. 우선 프로 기사가 되려면 입단 대회를 통과해야 합니다. 프로 입단에 성공한 기사는 초단(初段)이 되고, 프로 대회에서 좋은 성적을 내면 승단하게 되며, 최고 9단까지 올라갈 수 있습니다.

그렇다면 프로 기사는 왜 9단까지 있을까요? 그것은 동양에서 최고의 숫자를 '9'라고 여겼기 때문입니다. 9는 완성을 의미하는 10의 전 단계로, 한 자리 숫자 중 가장 큰 수입니다. 따라서 인간의 세계에서 이룰 수 있는 가장 완전한 수로 삼았던 것입니다. 바둑에서 최고수인 프로 9단을 '입신(入神)'이라고 부르는데, 이는 인간이 다다를 수 있는 최고 경지를 넘어서 신의 세계에 닿았다는 뜻입니다. 바둑뿐만 아니라 무술도 9단까지 존재합니다. 또한 각 분야에서 최고수를 가리켜 '야구 9단', '정치 9단', '주부 9단' 등으로 표현하는 것도 같은 이치입니다.

11 촉촉수

- 촉촉수를 이해할 수 있어요.
- 촉촉수로 상대의 돌을 잡을 수 있어요.
- 인성 바둑을 두며 마음껏 상상하고 창의성을 기를 수 있어요.

 오늘 배울 내용을 생각해 보며, 그림을 살펴봅시다.

길을 막고 또 막으면 가둘 수 있다!

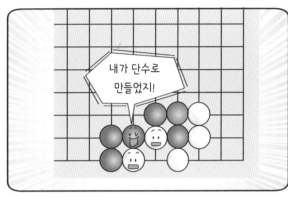

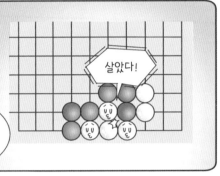

촉촉수

촉촉수는 상대방 돌을 연속해서 단수 상태로 만들어 잡는 기술로 연달아 단수를 쳐서 잡는다고 해서 연단수라고도 합니다.

連	單	手
잇닿을 연	하나 단	손 수

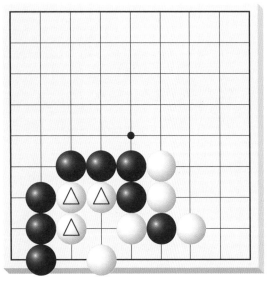

흑이 △를 잡으려고 합니다. 어떻게 하면 될까요?

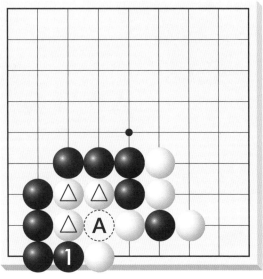

흑이 ❶을 두어 △를 단수로 만들었습니다. 그다음 백이 Ⓐ에 두면 어떻게 될까요?

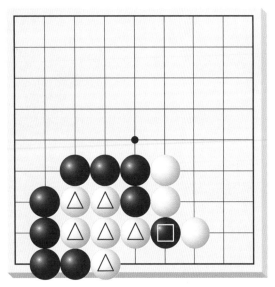

백이 Ⓐ에 두어 연결하면 △가 모두 연달아 단수를 당하게 됩니다. ◼가 있기 때문입니다.

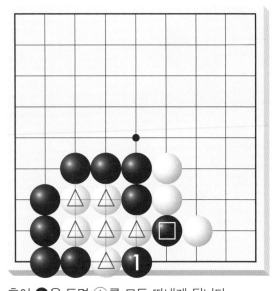

흑이 ❶을 두면 △를 모두 따내게 됩니다.

촉촉수로 돌 잡기

촉촉수로 연달아 단수를 쳐서 상대의 돌을 잡는 방법을 알
아봅시다.

촉촉수를 당한 쪽에서는 처음
단수된 돌을 살리려다가
더 큰 손해를 입을 수 있어요!

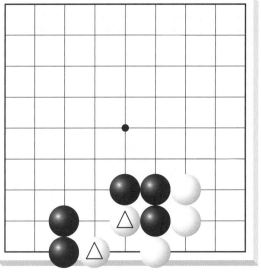

흑이 △를 잡으려면 어디에 두어야 할까요?

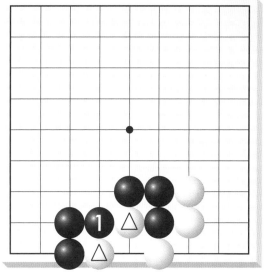

흑은 ❶을 두어 △를 단수로 만들면 됩니다.

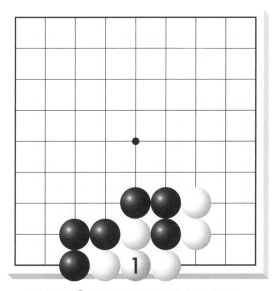

그다음 백이 ①로 연결하면 어떻게 될까요?

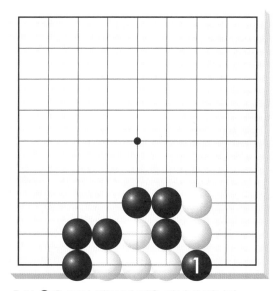

흑이 ❶을 두어 백돌 네 점을 따내게 됩니다.

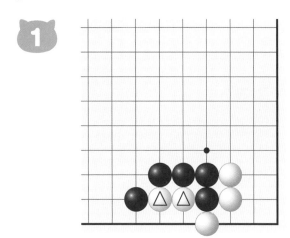 바둑판에 흑돌을 그려 촉촉수로 백 △를 잡아 봅시다.

1

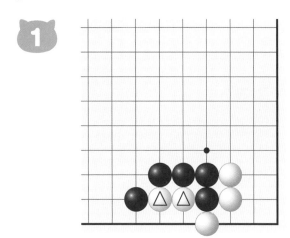

2

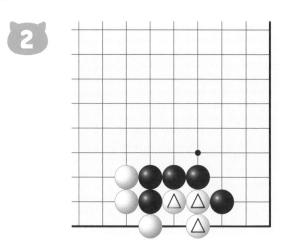

3

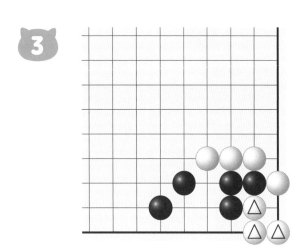

4

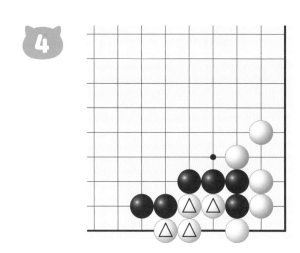

5

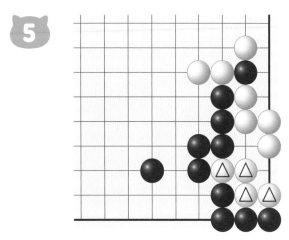

6

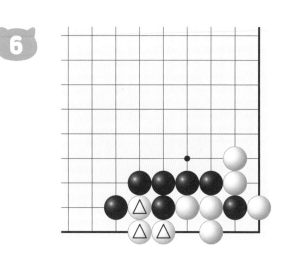

바둑판에 흑돌을 그려 촉촉수로 백△를 잡아 봅시다.

 바둑판에 흑돌을 그려 촉촉수로 백△를 잡아 봅시다.

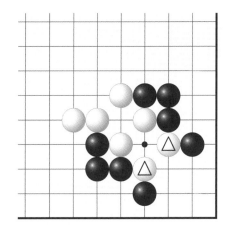

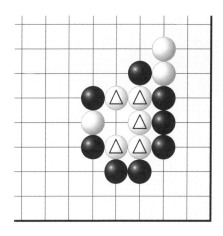

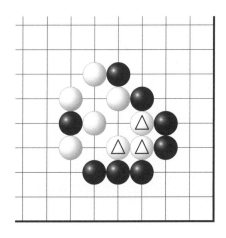

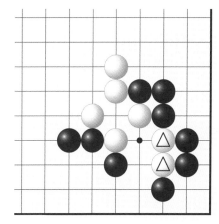

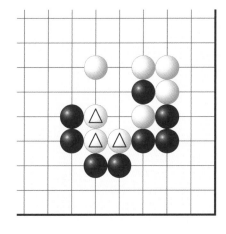

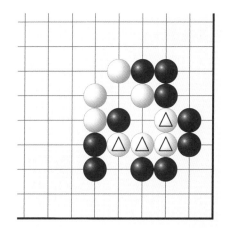

바둑판에 백돌을 그려 촉촉수로 흑 ▲를 잡아 봅시다.

13
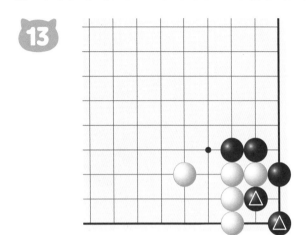

14
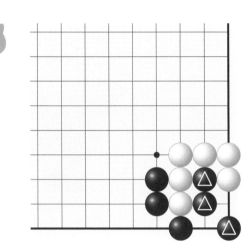

15
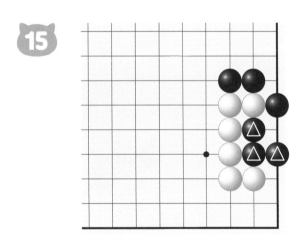

16
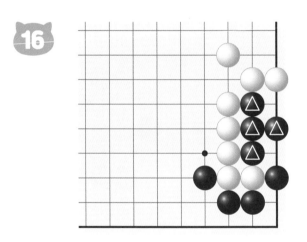

17
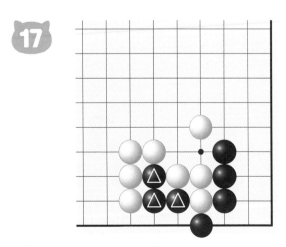

18
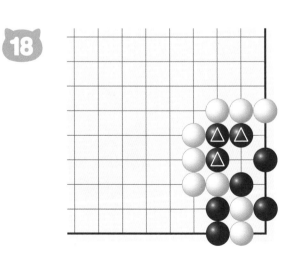

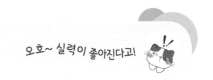

🐱 바둑판에 백돌을 그려 촉촉수로 흑 ⬭를 잡아 봅시다.

19

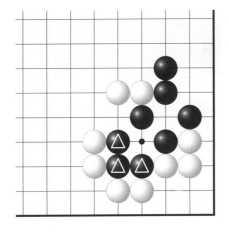

20

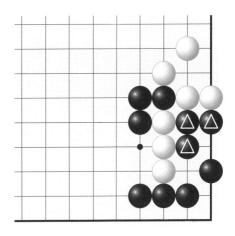

21

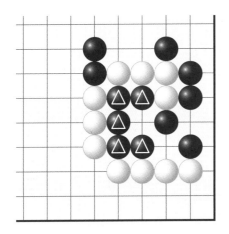

22

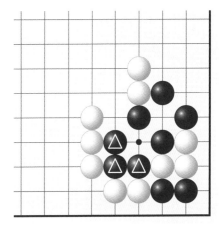

도전
24

23

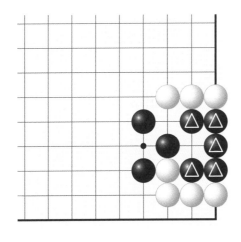

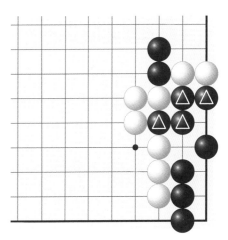

마음이 쑥쑥

🐟 도깨비와 나무꾼의 이야기를 보고, 다음 질문에 답해 봅시다.

💜 바둑을 둘 때마다 다른 모양이 나오는 이유는 무엇인지 써 봅시다.

🖉

바둑의 신이라 불리는 이창호 9단

가장 어린 나이로 세계 바둑 대회에서 우승한 사람은 누구일까요? 바로 열여섯 살의 나이로 세계 바둑 대회에서 우승을 차지한 이창호 9단입니다.

이창호 9단은 여섯 살 때부터 할아버지에게 바둑을 배우면서 뛰어난 재능을 보였습니다. 아홉 살 무렵, 그는 당시 최고의 프로 기사였던 조훈현 9단의 제자가 되어 바둑을 배우게 되었습니다. 그러다 같은 해 프로 기사를 뽑는 대회에 도전하였지만 예선에서 탈락하는 아픔을 겪었습니다. 실패를 경험한 이창호 9단은 새벽이 될 때까지 바둑 공부를 했다고 합니다.

끊임없는 노력으로 결국 이창호 9단은 프로 기사가 되었고, 1989년에 열린 국내 대회에 출전하여 열네 살이라는 가장 어린 나이로 우승을 차지하였습니다. 그리고 마침내 1992년, 열여섯 살이던 그는 동양증권배 세계 바둑 선수권 대회에서 세계 대회 역사상 가장 어린 나이로 우승하는 기록을 세웠고, 이후로도 세계 바둑 대회에서 연이어 우승을 기록하며 20년이라는 시간 동안 정상에 머물렀습니다.

이창호 9단이 프로 기사로서 누구보다 가장 긴 전성기를 누릴 수 있었던 이유는 그의 노력이 있었기 때문입니다. 그는 바둑 역사에 새로운 기록을 남기면서 늘 "노력을 이기는 재능은 없고, 노력을 외면하는 결과도 없다."라고 말했습니다.

12 환격

이 단원을 배우면!

- 환격을 이해할 수 있어요.
- 돌을 버리는 방법을 배우고, 환격으로 상대의 돌을 잡을 수 있어요.
- 인성 바둑을 두며 나의 감정을 스스로 조절할 수 있어요.

🐱 오늘 배울 내용을 생각해 보며, 그림을 살펴봅시다.

💡 작은 것 하나를 내주면, 더 큰 것을 얻을 수 있다.

만화로 배우는 바둑

흐흐. 어때?
다 연결되어 있으니
못 잡겠지?

과연 그럴까?

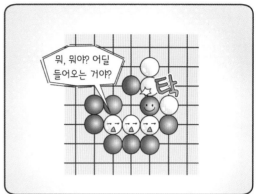

뭐, 뭐야? 어딜
들어오는 거야?

뭐야~
제 발로 죽으러
들어오다니!

이게 웬 떡이냐!
크크!

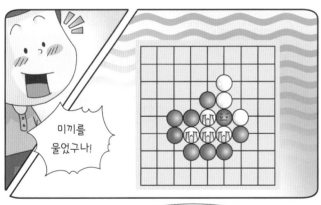

미끼를
물었구나!

헉!!!
당했다!!!

오! 나리 대단한 걸!
이렇게 내 돌 하나를 미끼로
희생해서 더 많은 돌을 잡는 기술을
환격이라고 해.

응?

한돌이 평소에도 공짜
좋아하더니. 크크!

아이고, 망했다.

하하

와앙~...

환격

환격이란, 자기의 돌 하나를 희생해 상대의 돌을 더 많이 잡는 방법입니다.
환격에 대해 알아봅시다.

還 擊

돌아올 환　칠 격

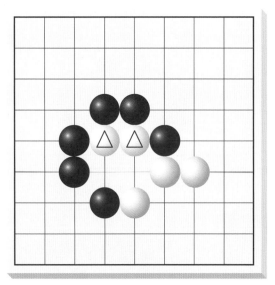

흑이 △ 두 점을 잡으려면 어떤 방법이 있을까요?

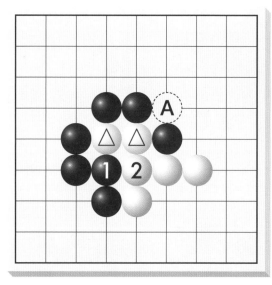

먼저 ❶로 단수를 쳐 봅시다. 백이 ②로 이으면
다른 백돌과 연결되어 더 튼튼한 돌이 되고, 흑은
오히려 Ⓐ로 끊어지는 약점만 남습니다.

호구 속에 들어가는
순간 단수가 되어
상대에게 잡아먹혀요.

그럼 ❶과 같이 ▢의 호구 속으로 들어간다면 어
떻게 될까요?

여기서 **호구**(虎口)란 위와 같은 형태를 말합니다.
마치 호랑이가 '어흥'하고 입을 벌리고 있는 모습
과 닮았다고 하여 붙여진 이름입니다.

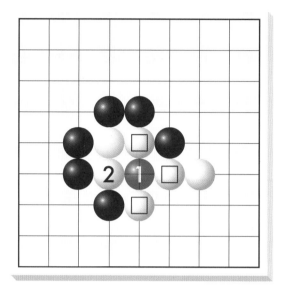

따라서 ▢의 호구 속으로 들어간 ❶은 ②로 잡혀
버립니다.

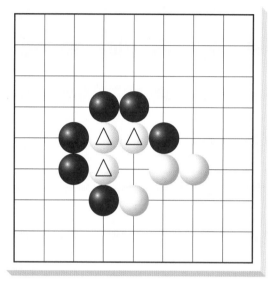

그런데 △ 세 점의 형태가 이상하지 않나요? 분명
흑돌을 잡았는데 백이 단수를 당한 모양이 되었습
니다.

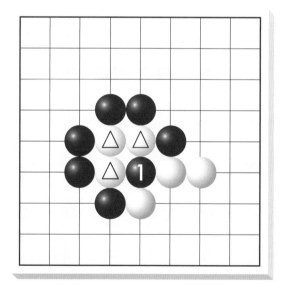

다음에 흑은 ❶을 두어 △ 세 점을 따낼 수 있습
니다. 이처럼 자기의 돌 하나를 희생해 상대의 돌
을 더 많이 되잡는 방법을 **환격**이라고 합니다.

❶처럼 상대의
호구 자리에 돌을 놓아
스스로 먹잇감이 되는 것을
'먹여치기'라고 불러요.

바둑 격언 중에는
'호구 자리가 급소'
라는 말도 있어요.

바둑판에 흑돌을 그려 백△를 환격으로 잡아 봅시다.

1

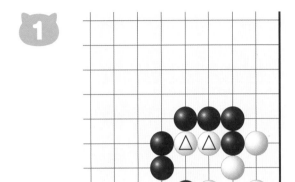

2

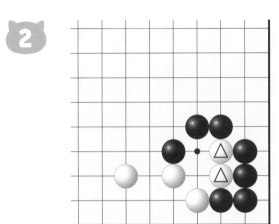

3

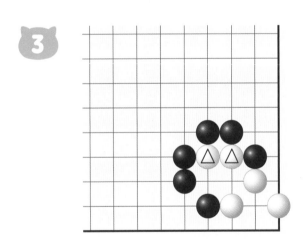

4

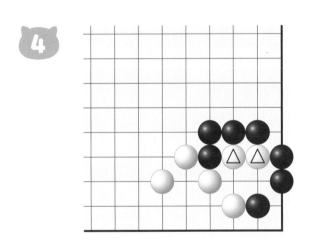

5

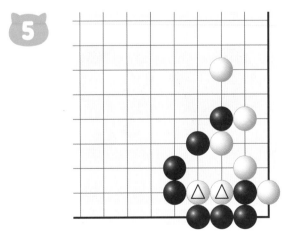

6

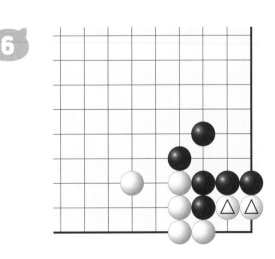

🐟 바둑판에 흑돌을 그려 백△를 환격으로 잡아 봅시다.

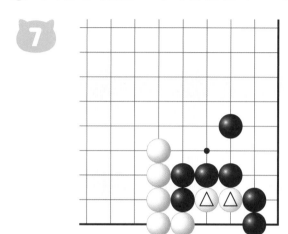

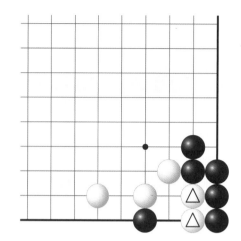

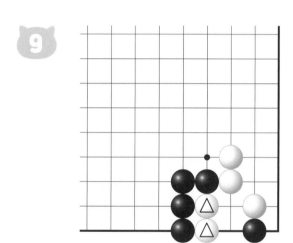

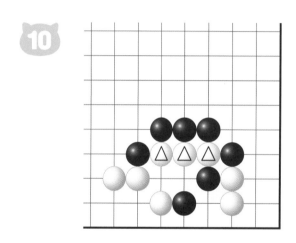

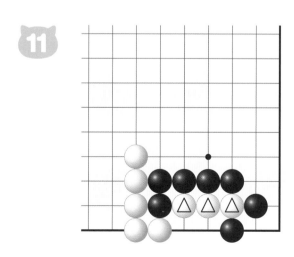

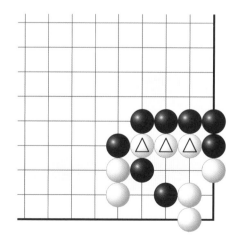

실력이 탄탄

🐟 바둑판에 흑돌을 그려 백△를 환격으로 잡아 봅시다.

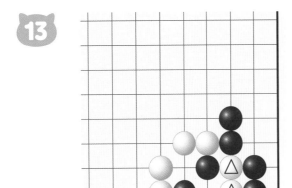

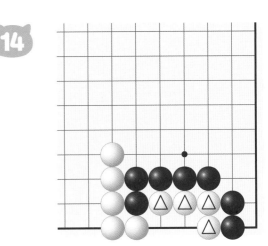

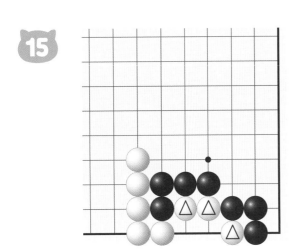

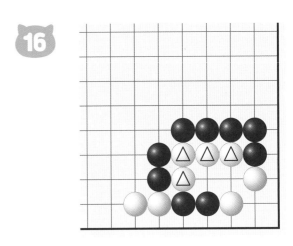

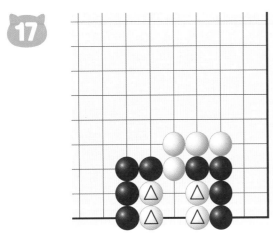

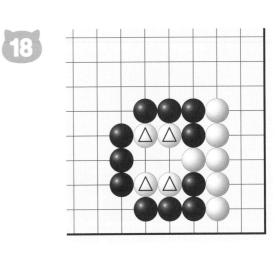

오호~ 실력이 좋아진다고!

 바둑판에 흑돌을 그려 백△를 환격으로 잡아 봅시다.

19

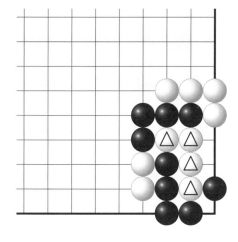

20

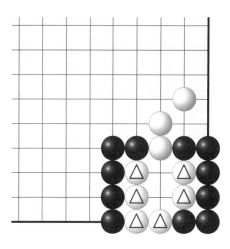

21

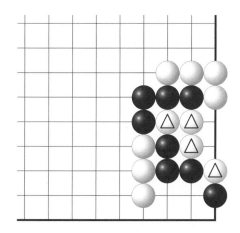

22

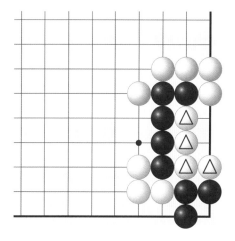

23

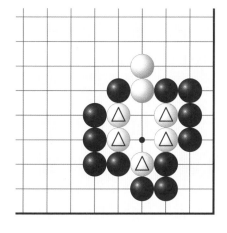

도전 **24**

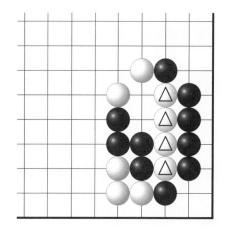

마음이 쑥쑥

🐟 대국을 할 때 자신의 감정을 조절하며 마음을 다스리고 있는지 스스로 평가해 봅시다.

	감정 조절 항목	점수				
1	바둑을 둘 때 꼭 이겨야겠다는 욕심을 버립니다.	5	4	3	2	1
2	대국을 할 때는 신중하게 생각한 후에 둡니다.	5	4	3	2	1
3	바둑을 두다가 실수를 하더라도, 마음을 가라앉히고 차분히 두어 갑니다.	5	4	3	2	1
4	작은 것을 잃지 않으려고 집착하지 않습니다.	5	4	3	2	1
5	대국을 하면서 친구에게 욕을 하거나 무시하는 말을 하지 않습니다.	5	4	3	2	1
6	상대방이 사소한 실수를 하더라도 화를 내지 않습니다.	5	4	3	2	1
7	이겼을 때, 친구를 놀리거나 자랑하지 않습니다.	5	4	3	2	1
8	지더라도 울거나 화내지 않습니다.	5	4	3	2	1
9	대국이 끝난 후에 나를 돌아보는 시간을 갖습니다.	5	4	3	2	1
10	단체전에서 친구와 의견이 다르더라도 싸우지 않습니다.	5	4	3	2	1
	합계					점

5점: 늘 그렇다, 4점: 자주 그렇다, 3점: 때때로 그렇다, 2점: 가끔 그렇다, 1점: 전혀 그렇지 않다.

- 40~50점: 감정 조절을 아주 잘하고 있습니다.
- 30~39점: 감정을 조절하기 위해 조금 더 노력해야 합니다.
- 20~29점: 감정을 잘 조절하기 위해 많은 노력이 필요합니다.
- 10~19점: 감정을 잘 조절하고 마음을 다스리기 위해 적극적으로 노력해야 합니다.

바둑을 사랑한 인물들

1 충무공 이순신

　이순신 장군도 바둑을 즐겨 두었습니다. 이순신 장군의『난중일기』를 보면 바둑을 두었다는 기록이 아홉 번이나 등장합니다. 또한 전투에서 26전 26승의 불패 신화를 이룬 이순신 장군은 바둑을 통해 군사 전략을 세우기도 했습니다. 바둑을 단순히 재미로 둔 게 아니라, 바둑 속에 담겨 있는 여러 가지 전략과 전술을 실제 전쟁에서 활용했던 것이 아닐까요?

2 아인슈타인

　천재 물리학자 아인슈타인도 바둑을 즐겨 두었다는 사실, 알고 있나요? 1950년대 초반, 프린스턴 대학에서 바둑을 즐겼다는 아인슈타인은 일본기원으로부터 초단 면허를 받기도 했습니다. 아인슈타인 박사는 바둑이야말로 우리의 두뇌, 특히 수리 영역을 훈련하는 데 가장 좋은 도구라고 생각했습니다.

바둑알 캐릭터 흑돌이와 백돌이는 임현진 작가의 작품으로,
한국기원과 의정부시가 주관한 '2021 의정부 바둑 페스티벌
바둑 콘텐츠 공모전'에서 당선되었습니다.

초등 창의 인성 바둑 교과서 ①

ⓒ 한국기원 미래교육콘텐츠팀 2024

개정판 1판 1쇄 발행 2024년 3월 8일 | **개정판 1판 2쇄 발행** 2024년 9월 20일

지은이 한국기원 미래교육콘텐츠팀
기획 및 구성 총괄 한국기원 강나연
그림 이탁근, 김희선, 임현진, 김태형, 송영훈
감수 신진서, 최정
펴낸이 황상욱

책임 편집 박재형 | **편집** 박성미 | **외주 편집** 김나현, 기주영
내지 디자인 이혜진 | **표지 디자인** 김용남, 이혜진
마케팅 윤해승, 장동철, 윤두열 | **경영지원** 황지욱
제작처 영신사

펴낸곳 ㈜휴먼큐브 | **출판등록** 2015년 7월 24일 제406-2015-000096호
주소 03997 서울시 마포구 월드컵로14길 61 2층
문의전화 02-2039-9462(편집) 02-2039-9463(마케팅) 02-2039-9460(팩스)
전자우편 yun@humancube.kr

내용문의 한국기원 미래교육콘텐츠팀 02-3407-3896

ISBN 979-11-6538-386-2 64690

인스타그램 @humancube_group **페이스북** fb.com/humancube44

어린이제품 안전특별법에 의한 표시사항
제품명 도서 | **제조자명** ㈜휴먼큐브 | **제조국명** 대한민국 | **전화번호** 02-2039-9462
주소 03997 서울특별시 마포구 월드컵로 14길 61 2층 | **제조년월** 2024년 9월 20일
⚠**주의** 책 모서리에 찍히거나 책장에 베이지 않게 조심하세요.

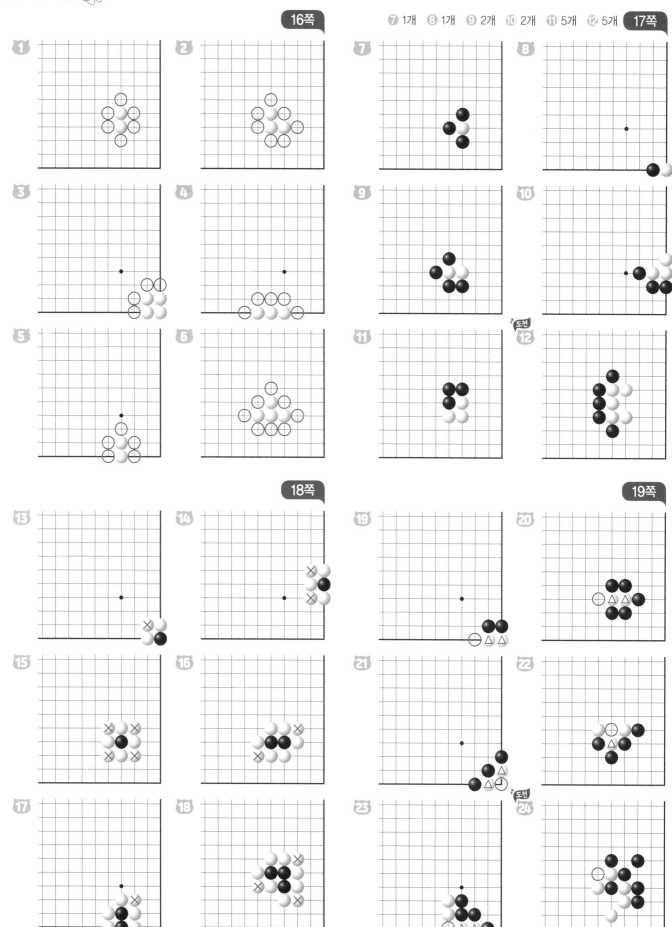

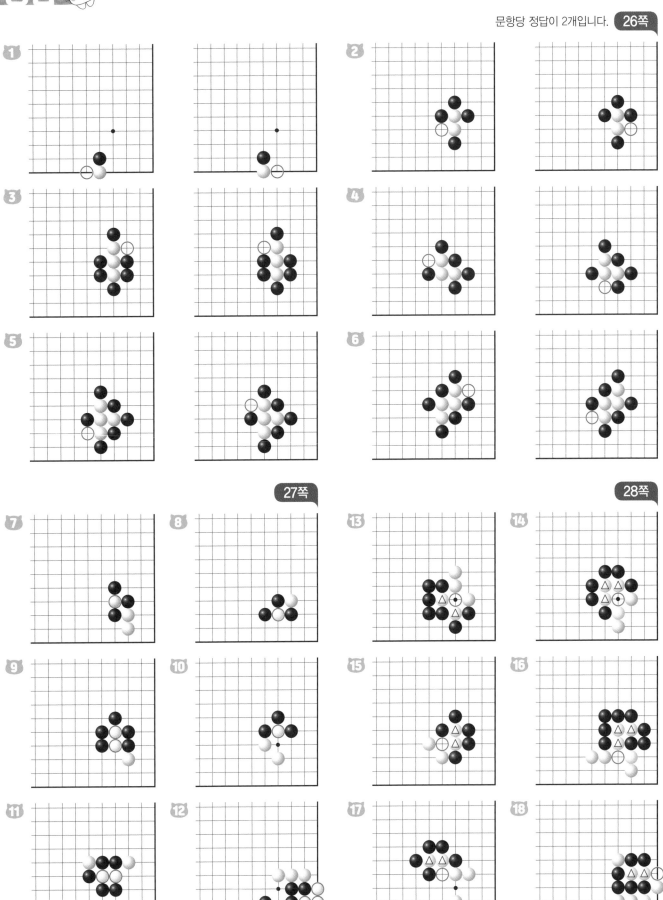

문항당 정답이 2개입니다. **26쪽**

27쪽

28쪽

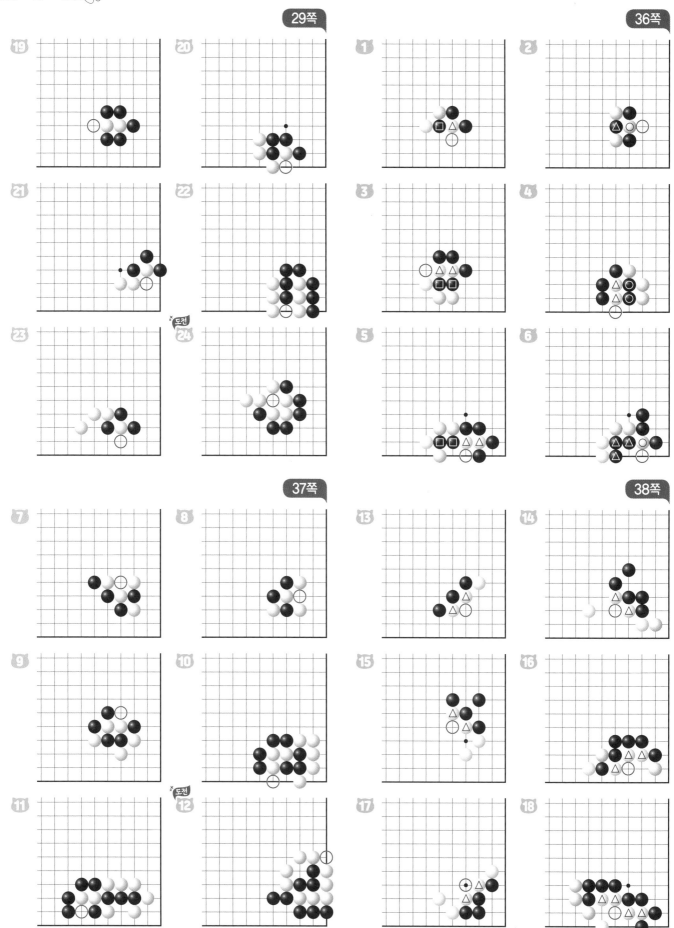

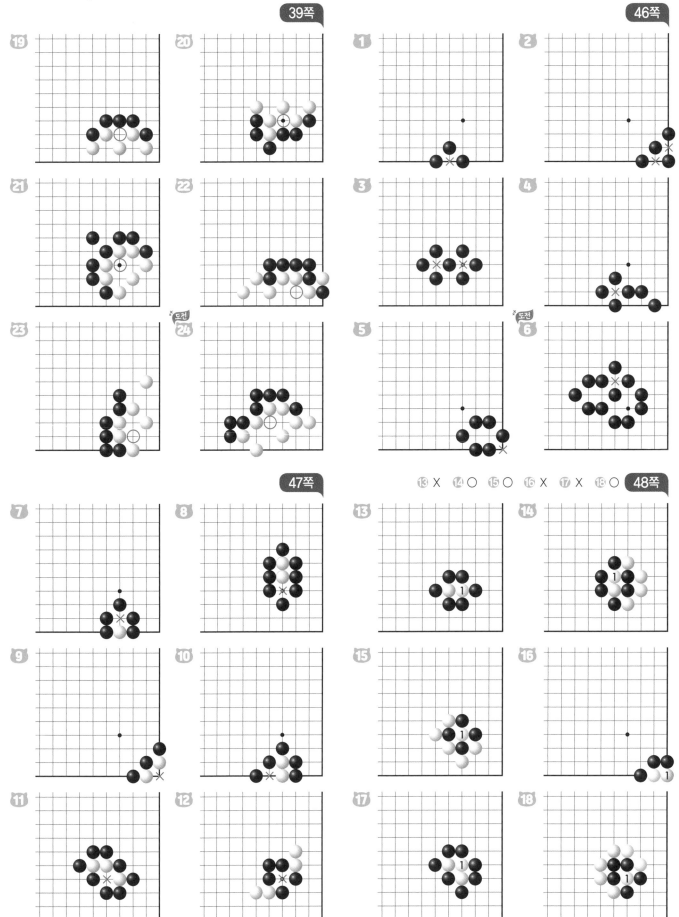

정답

39쪽

19 20 21 22 23 24 도전

46쪽

1 2 3 4 5 6 도전

13 X 14 ○ 15 ○ 16 X 17 X 18 ○

47쪽

7 8 9 10 11 12

48쪽

13 14 15 16 17 18

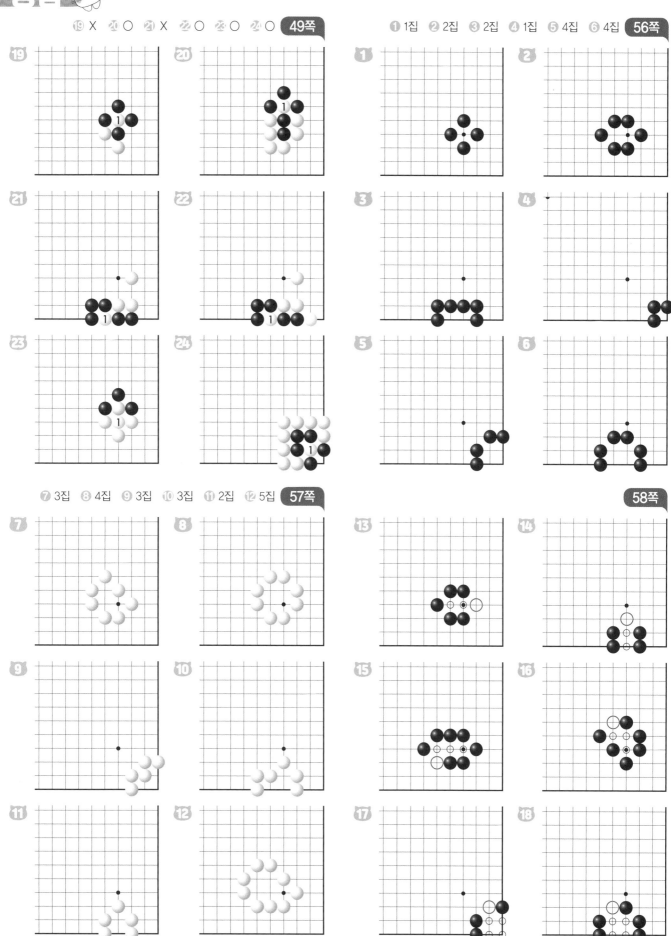

⑲ X ⑳ ○ ㉑ X ㉒ ○ ㉓ ○ ㉔ ○ **49쪽**

❶ 1집 ❷ 2집 ❸ 2집 ❹ 1집 ❺ 4집 ❻ 4집 **56쪽**

❼ 3집 ❽ 4집 ❾ 3집 ❿ 3집 ⓫ 2집 ⓬ 5집 **57쪽**

58쪽

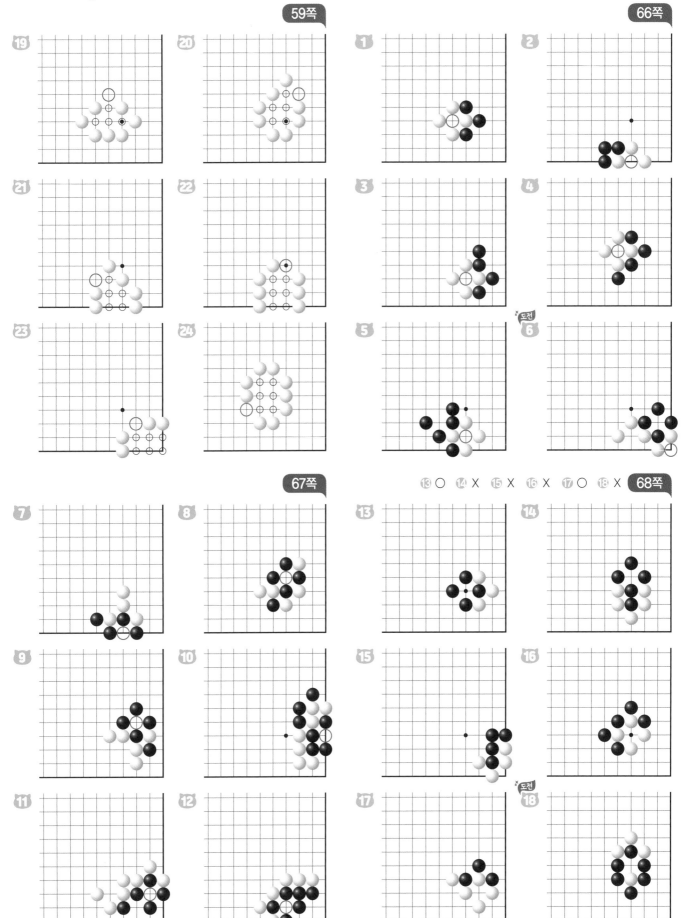

59쪽

19 20 21 22 23 24

66쪽

1 2 3 4 5 도전 6

13 ○ 14 X 15 X 16 X 17 ○ 18 X 68쪽

67쪽

7 8 9 10 11 12

13 14 15 16 17 도전 18

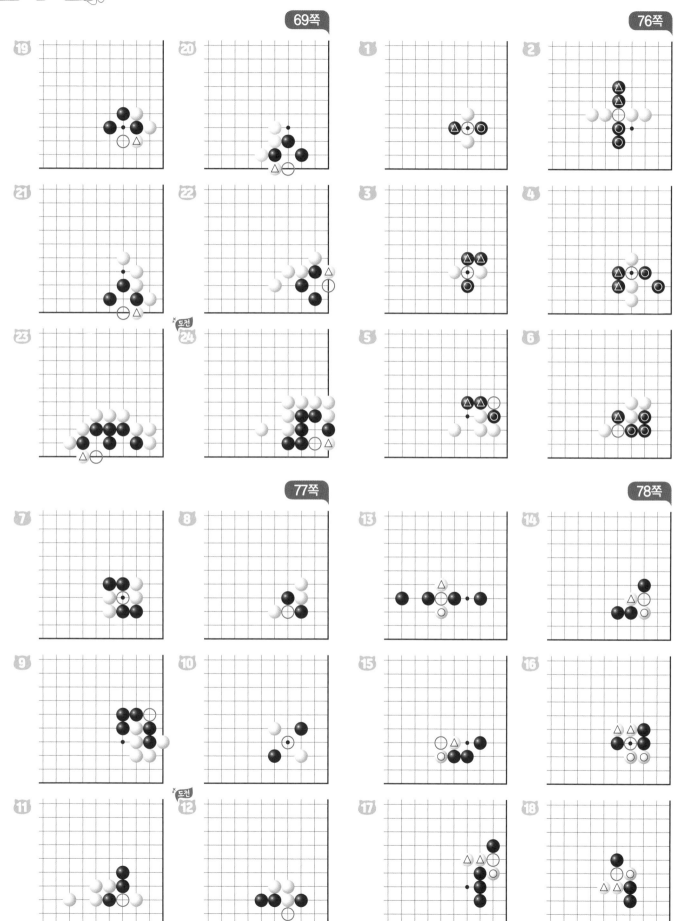

정답

69쪽

76쪽

77쪽

78쪽

정답

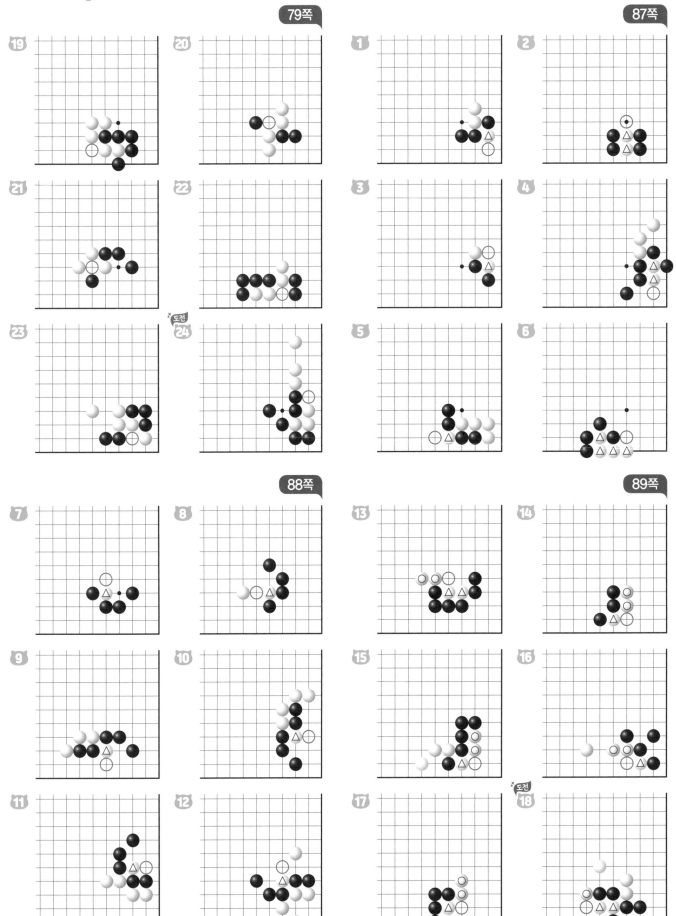

정답

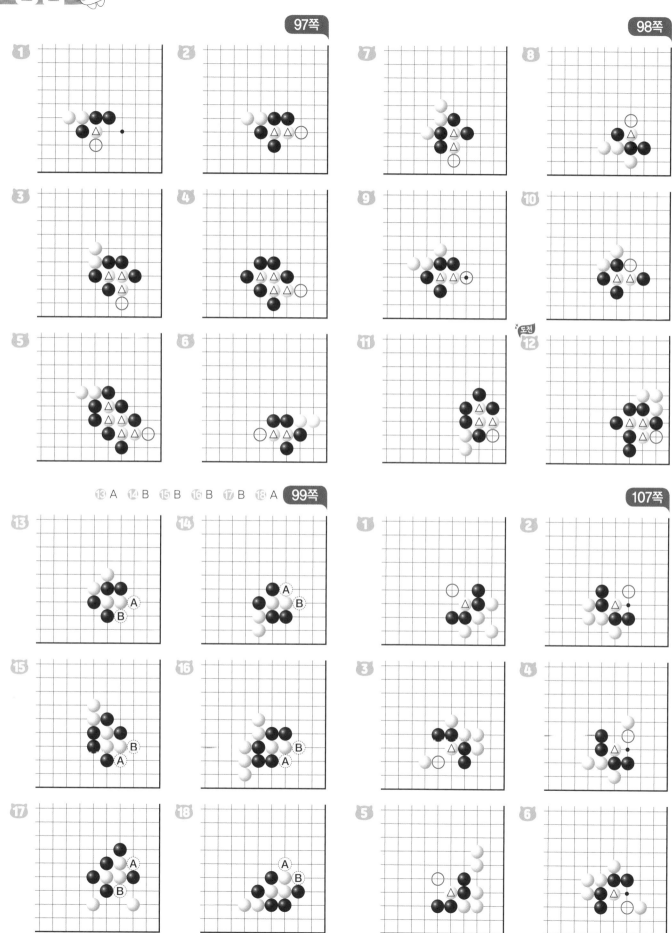

13 A 14 B 15 B 16 B 17 B 18 A

정답

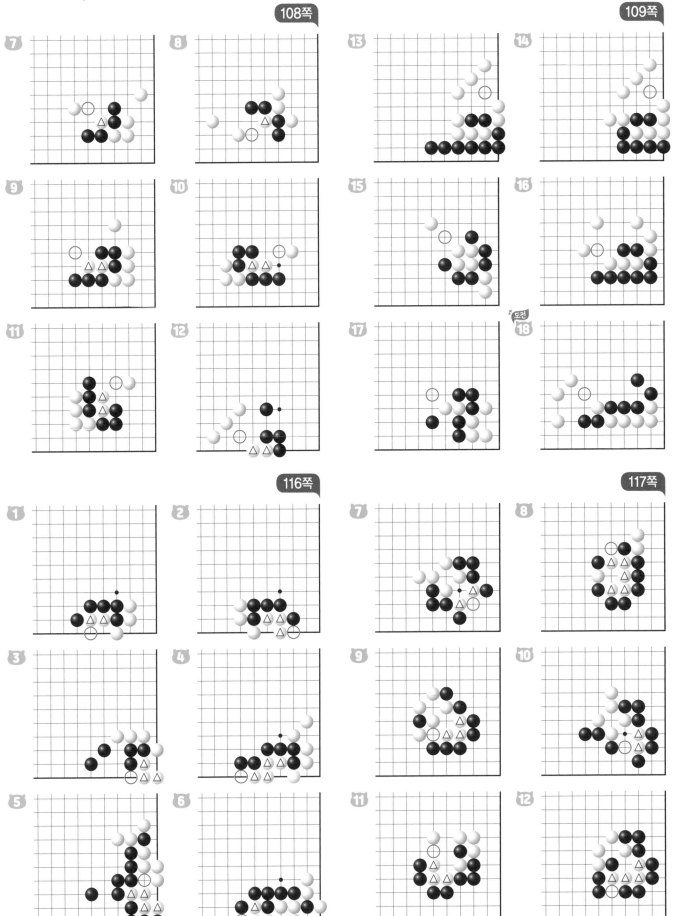

108쪽

7 **8**

9 **10**

11 **12**

109쪽

13 **14**

15 **16**

17 **18** 도전

116쪽

1 **2**

3 **4**

5 **6**

117쪽

7 **8**

9 **10**

11 **12**

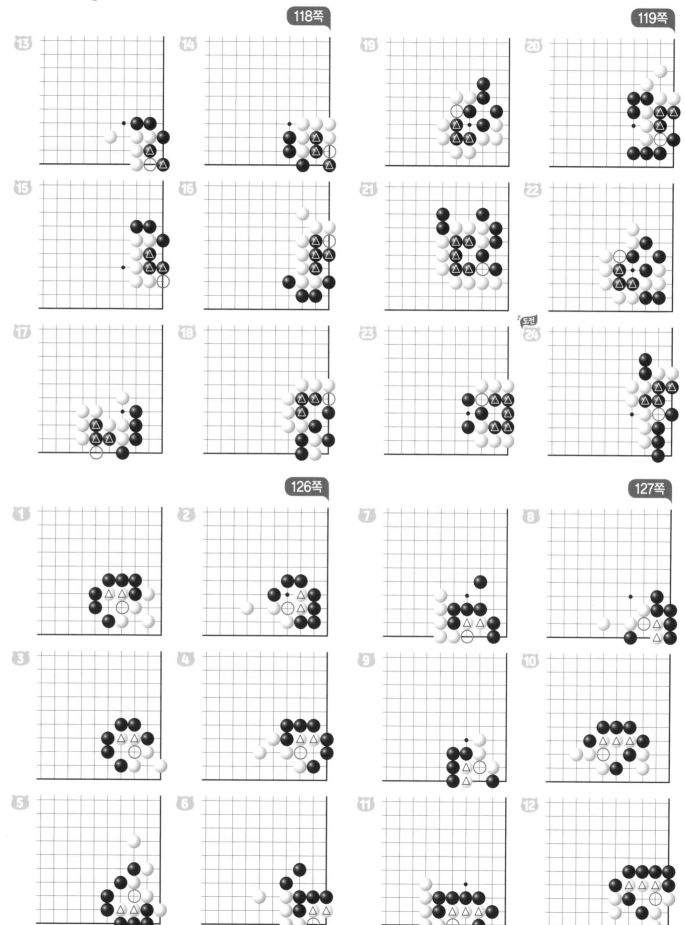

118쪽

119쪽

126쪽

127쪽

128쪽
129쪽

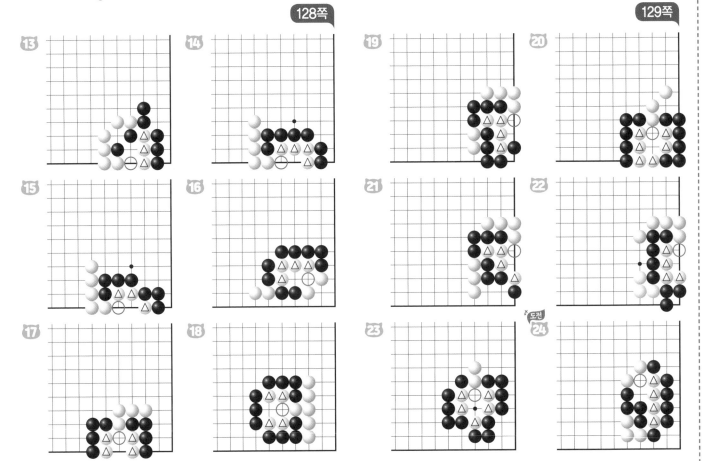